JN025639

2024年版

重★要★論★点★攻★略

中小企業診断士試験

ニュー・クイックマスター

経営情報システム

中小企業診断士試験クイック合格研究チーム
赤坂 優太

6

同友館

はじめに

—— 中小企業診断士試験を受験される皆様へ ——

中小企業診断士とは

　中小企業診断士は中小企業が健全な経営を行うために、適切な企業診断と経営に対する助言を行う専門家で、「中小企業支援法」に基づいた国家資格です。その資格の定義として、一般社団法人中小企業診断協会のホームページ上で、「中小企業診断士制度は、中小企業者が適切な経営の診断及び経営に関する助言を受けるに当たり、経営の診断及び経営に関する助言を行う者の選定を容易にするため、経済産業大臣が一定のレベル以上の能力を持った者を登録するための制度」としています。そして、その主な業務は「現状分析を踏まえた企業の成長戦略のアドバイス」であり、専門的知識の活用とともに、企業と行政、企業と金融機関等のパイプ役、中小企業への施策の適切な活用支援まで、幅広い活動に対応できるような知識や能力が求められています。

中小企業診断士試験の1次試験とは

　診断士の資格を得るためには、一般社団法人中小企業診断協会の診断士試験に合格しなければなりません。試験は<u>1次試験の合格が必須</u>で、合格後は①筆記の2次試験を受験し合格する、②独立行政法人中小企業基盤整備機構もしくは登録養成機関が実施する養成課程を修了する、のいずれかをクリアしなければ最終的な資格取得にはなりません。

　いずれにせよ、資格取得のためには診断士1次試験の突破は必要で、その受験科目は診断士として必要な学識を問う7科目で、〔A経済学・経済政策　B財務・会計　C企業経営理論　D運営管理（オペレーション・マネジメント）E経営法務　F経営情報システム　G中小企業経営・中小企業政策〕といった多岐にわたる筆記試験（多肢選択式）になっています。

1次試験突破に向けた本書の活用法

　このニュー・クイックマスターシリーズは、中小企業診断士1次試験7科目の突破に向け、できる限り効率的に必要な知識をマスターしていく、そこにウエイトを置いて編集されています。すなわち、7科目という幅広い受験科目の

中で試験に出やすい論点を重視し、網羅性や厳密さより学習する効率性や最終的な得点に結びつく効果を重視しています。そのため、財務・法務・情報システムのように別の資格試験では、さらに専門性が問われ、詳細な説明が必要とされている部分も、診断士1次試験に必要な部分だけに的を絞り、それ以外を思い切って削っています。

　本書は、各科目の項目ごとに必要な章立てがあり、そこでよく問われる（問われる可能性がある）項目を「論点」として掲げ、その【ポイント】で一番重要な部分を示し、本文の中で「論点を中心に必要な解説および図表」といった構成になっています。さらに【追加ポイント】と【過去問】で受験対策へのヒントを示しています。過去の試験で問われた箇所がわかることで、試験対策のイメージが湧き対策も練れることと思います。

　本書が思い切って網羅性よりも効率性を優先させた分、受験生である皆様の理解度や必要に応じて、本書の空きスペースに書き込むといった「自分の虎の巻である参考書」を作ることをお勧めします。理解への補足説明が必要な際は、インターネットや市販の書籍を通じ、知識の補完を本書に書き込むセルフマネジメントを試み、自分の使えるオリジナル参考書にしてください。

　本書では、**頻出論点をクイックに押さえるために、各論点に頻出度をA、B**でランク付けしています。原則として、令和元年度から令和5年度の過去5年間で4回以上を「A」、2〜3回を「B」としています。

　併せて、令和4年度と令和5年度の1次試験の中で、今後も出題が予想される頻出論点の問題には解答・解説を掲載しました。まずはこの問題から押さえてください。

　1次試験は、あくまで中小企業診断士の資格取得までの通過点に過ぎません。診断士試験は、限られたご自身の時間という経営資源を、より効果的・効率的に使い、あきらめずに真摯に立ち向かえば、必ず合格できる試験です。何よりもそんな時の頼れるパートナーでありたい、そんな本書をいつでも手元に置き、試験突破に向けてフル活用していただき、次のステップへ駒を進めてください。

ニュー・クイックマスター「経営情報システム」に関して

「経営情報システム」は、昨今の企業経営において外すことができない情報技術を中心とした科目です。技術的要素が中心の情報通信技術と、情報技術をいかにして経営に役立てるかを考える経営情報管理の2つの柱から成り立っています。

【情報通信技術に関する基礎的知識】

ハードウェアやソフトウェア、データベース、通信ネットワークといった情報技術に関する基本的な知識が登場します。個々の情報技術に関して詳細な知識は必要ありませんが、情報技術を支える基本知識を網羅的に知ることは、中小企業診断士として求められる要素の1つとなっています。情報技術は、近年急激な進化を遂げています。最新の動向に対してもアンテナを立てることが求められます。

【経営情報管理】

情報技術は、経営に活かすことができて初めて大きな成果を生み出します。特に中小企業診断士に求められることは、この経営と情報技術の橋渡し的役割を担うことです。そのためには、情報システムの開発や運用管理、評価、意思決定といった知識やスキルが求められます。

「経営情報システム」は、一部の出題領域（経営情報管理）を除くと1次試験のみの出題です。また、2次試験に出題される内容も「システムをいかにして利用するか」という観点であり、技術的な要素は出題されません。したがって、1次試験で出題される分野に絞って、暗記すべき事項を確実に押さえることが合格への最短経路です。

ニュー・クイックマスター「経営情報システム」では、暗記中心の学習が必要となる本科目について、最低限ここだけは覚えておきたいポイントを重点的に解説しています。本書の内容を理解することで、試験突破に必要な知識を身につけることができます。

中小企業診断士試験クイック合格研究チーム

赤坂　優太

【目　次】

II 経営情報管理　149

＊頻出論点をクイックに押さえるために、各論点に頻出度をA、Bでランク付けして記載している。
　原則として、令和元年度から令和5年度の過去5年間で4回以上を「A\」、2〜3回を「B\」としている。

序 章

「経営情報システム」の過去問対策

1 令和5年度　1次試験の分析

2 令和5年度の 重要・頻出問題にチャレンジ

3 令和4年度の 重要・頻出問題にチャレンジ

（おことわり）
本書では2023年8月5日、6日開催の1次試験について解説をしています。沖縄地区における再試験は出題数等に反映しておりません。

1 令和5年度1次試験の分析

1 総評

- 出題形式が多岐にわたり、時事問題や最新の話題も取り上げられた。基礎的知識だけでは正解できない問題も多く、難易度は令和4年度と比較して大幅に難化したと考えられる。

- 技術要素として機械学習に関連する知識が多く問われていた。昨今の生成AIの進歩などが背景にあると考えられ、今後の出題も増加するものと想定される。

- 統計解析に関する出題は、令和4年度から1問減って1問の出題であった。計算式を作る問題であったが、問題文をよく読めば正解にたどり着けるため、しっかり得点したい。

　令和4年度よりも基礎的知識だけで解答できる問題が減り、詳細な知識を求める問題や時事問題の割合が増えた。そのため、科目合格率は11.4%と令和4年度(18.5%)と比較して大幅に難化した。60点以上を確保するには、テキストの内容に加えて日頃から情報システムに関する感度を高めてインプット量を増やす必要があると考える。

2 全体概況

問題数	問題数：25 平成22年度以降、毎年25問出題されており変化はない。
出題形式	選択肢がすべて5択。
出題分野	情報通信技術に関する基礎的知識、経営情報管理の2分野からの出題傾向の変化はない。
難易度	基礎知識だけで解答を絞り込むことが難しい問題が多く、平均点も60点を下回っていることが予想される。本年度は令和4年度から難化したが、次年度以降も同様の出題形式となることを想定し、十分な準備をしたい。

問題No・出題分野	分析と対策
第1問 記憶装置	【分析】 ●記憶装置に関する設問としては、過去5年間に3問出題されている論点であり、次年度以降も類似の出題が見込まれる。 ●過去問から繰り返し出題されている領域の問題であるが、やや深い知識が求められたため、正答率は高くなかったと考えられる。 【対策】 ●記憶装置に関する用語は似たものが多く混同しがちであるが、特に今回出題されたフラッシュメモリをはじめとする半導体メモリはさまざまな用語が出題される可能性があるので、しっかり区別して覚えることが求められる。
第5問 DBMS	【分析】 ●データベースの管理システムに関する設問としては、過去5年間に3問出題されている論点であり、次年度以降も類似の出題が見込まれる。 ●いずれもDBMSでは重要な用語であったが、すべてを押さえている受験生は少なかったかもしれない。消去法で選択肢を絞ることで得点したい問題であった。 【対策】 ●過去問や問題集で出題された用語を1つ1つ覚えていくことが重要である。
第8問 データベースの正規化	【分析】 ●データベースの正規化に関しては、過去5年間で3問出題されている論点であり、次年度以降も類似の出題が見込まれる。 ●問われている内容は比較的平易なため、落ち着いて解答したい。 【対策】 ●第1正規化から第3正規化までの流れを押さえることで、さまざまな出題形式に対応できると考える。 ●過去問対策を行うことで、確実な得点源とすることを意識したい。

第12問 OSI 基本参照モデル	【分析】 ● OSI 基本参照モデルに関しては過去 5 年間で 2 問の出題に留まる論点だが、通信ネットワークを理解するうえで重要であるため、確実に押さえておきたい。 ● 問われている内容は平易なため、確実に得点したい問題だった。 【対策】 ● 出題されるポイントは多くはないので、知識を確実なものにしたい。
第16問 問題分析・意思決定技法（OLAP）	【分析】 ● 問題分析・意思決定技法については過去 5 年間で 3 問出題されている論点であり、次年度以降も類似の出題が見込まれる。 ● やや深い知識を問われたため、選択肢を絞ることが難しかったと思われる。 【対策】 ● 過去問や問題集で出題された用語を 1 つ 1 つ覚えていくことが重要である。
第17問 モデリング技法	【分析】 ● モデリング技法に関わる内容は過去 5 年間に 5 問出題されており、ほぼ毎年出題される最重要論点である。次年度以降も類似の出題が見込まれる。 ● 問われた用語は一般的なものであったため、確実に正解したい問題である。 【対策】 ● モデリング技法については、用語を暗記するのではなく、実際に図示するなどして知識を確実に定着させることを目指したい。
第21問 経営戦略と情報化（モバイル端末のセキュリティ管理）	【分析】 ● 経営戦略と情報化に関わる内容は過去 5 年間 5 問出題されており、最重要論点である。次年度以降も類似の出題が見込まれる。 ● 知識に自信がなかったとしても、英語の意味などから消去法で十分に正答が狙えた問題であったため、確実に得点したい。 【対策】 ● 過去問や問題集で出題された用語を 1 つ 1 つ覚えていくことが重要である。

第22問 ネットワークセキュリティ	【分析】 ●ネットワークセキュリティに関しては、過去5年間で9問出題されている最重要論点であり、次年度以降も類似の出題が見込まれる。 ●問われている内容は平易なため、確実に得点したい問題だった。 【対策】 ●セキュリティについては、複数出題される可能性も十分考えられるため、幅広く知識をインプットすることが重要である。

④ 60点攻略のポイント～『ニュー・クイックマスター』を使ってできること～

基礎論点をしっかり押さえることがカギ！

● 『2024年版 ニュー・クイックマスター 経営情報システム』では、過去5年間で4回以上取り上げられた論点をA、2～3回取り上げられた論点をBとしている。A論点とB論点を合わせると本書の全論点の約6割、つまり合格点である60％以上の得点圏へ近づけると見ている。まずは合格点確保のために、最頻出のA論点を押さえ、頻出のB論点まで正確に押さえることを優先したい。

図解を用いてわかりやすく解説！

● 経営情報システムの科目は、多くの用語を暗記するだけでは正誤判定しがたい問題が増加している。用語を体系的に学べるよう図解を用いてわかりやすく解説し、より視覚的な要素からの理解を高める工夫を追加している。

得点に直結する丸暗記分野が充実！

● 近年、情報技術は急激に発展しており、経営情報システムの科目はその動向に合わせて出題される傾向がある。そのため、今後出題される可能性、または得点配分が高まる可能性の高い「セキュリティ分野」や「クラウドコンピューティング分野」の内容を充実させた。新たな論点ほど基礎的で易しい問題が出題される傾向があるため、「セキュリティ分野」や「クラウドコンピューティング分野」はテキストを丸暗記することも有効である。

2 令和5年度の重要・頻出問題にチャレンジ

記憶装置

頻出度
B

➡ p.44

■令和5年度　第1問

　フラッシュメモリに関する記述として、最も適切な組み合わせを下記の解答群から選べ。

a　揮発性メモリであるので、紫外線を照射することでデータを消去できる。

b　不揮発性メモリであるので、電源を切っても記憶していたデータを保持できる。

c　NAND型とNOR型を比べると、読み出し速度はNAND型の方が早い。

d　NAND型とNOR型を比べると、書き込み速度はNAND型の方が早い。

e　NOR型は、USBメモリやSSDなどの外部記憶装置に用いられている。

〔解答群〕

ア　aとd

イ　aとe

ウ　bとc

エ　bとd

オ　cとe

解答	エ

■ **解説**

　フラッシュメモリに関する問題である。

a：不適切である。フラッシュメモリは、電気的に書き換えが可能で、電源を
　　切ってもデータが消えない不揮発性の半導体メモリであり、紫外線を照射
　　してデータを消去できるメモリはUV-EPROMである。

b：適切である。

c：不適切である。NOR型はNAND型に比べて、書き込み速度は低速だが、
　　読み出し速度は高速である。

d：適切である。

e：不適切である。NAND型のほうが安価に大容量化できるため、NAND型
　　がUSBメモリやSSDなどの外部記憶装置に用いられる。

　以上より、エが正解である。

データベースの管理システム（DBMS）

➡ p.108

■ 令和5年度　第5問

データベース管理システム（DBMS）に関する記述として、最も適切なものはどれか。

ア　インデックス法とは、プログラムがDBMSへアクセスする際に、一度確立したコネクションを維持して再利用するための仕組みをいう。

イ　ストアドプロシージャとは、表やビューに対する一連の処理を1つのプログラムとしてまとめ、DBMSに格納したものをいう。

ウ　トリガとは、SQLの問い合わせによって得られた結果セットのレコードを1つずつ読み込んで行う処理をいう。

エ　レプリケーションとは、IoT機器などから連続的に発生するデータをリアルタイムに収集、分析、検出、加工する処理をいう。

オ　ロールフォワードとは、表のフィールド値を更新すると、関連づけられている他の表のフィールド値も同時に更新させるための仕組みをいう。

解答	イ

■ 解説

データベース管理システムに関する問題である。

ア：不適切である。インデックスとは、検索を高速化できるように使用する索引のこと。問題文はコネクションプーリングの説明である。

イ：適切である。

ウ：不適切である。トリガとは、表に対して追加、更新といった何らかの変更処理を行った際に、その変更をきっかけにしてあらかじめ定義された処理を自動的に実行することである。

エ：不適切である。レプリケーションとは、データベースの複製（レプリカ）を作り、リアルタイムにデータを複製する技術である。

オ：不適切である。ロールフォワードとは、データベースで障害が発生したときの対処法で、ある時点のバックアップファイルから復旧を行い、障害が発生する前の状態に戻すことである。

以上より、イが正解である。

データベースの正規化

➡ p.104

■ 令和5年度　第8問

　以下に示す表は、ある小売店が利用している受注管理表の一部である。この表に関する正規化の観点からの記述として、最も適切なものを下記の解答群から選べ。ただし、枝番は1回の受注で商品コード別に連番で発行される番号であるとし、単価は商品コードによって一意に定まるものとする。

受注番号	枝番	受注日	得意先コード	商品コード	販売数量	単価
10001	1	2023-04-01	9876	P101	1	30,000
10001	2	2023-04-01	9876	P201	2	15,000
10001	3	2023-04-01	9876	P301	5	10,000
10002	1	2023-04-02	5555	P201	1	15,000
10002	2	2023-04-02	5555	P401	3	20,000

〔解答群〕

ア　第1正規形であるが、第2正規形ではない。

イ　第1正規形ではない。

ウ　第2正規形であるが、第1正規形ではない。

エ　第2正規形であるが、第3正規形ではない。

オ　第3正規形ではない。

解答	ア

■ 解説

データベースの正規化に関する問題である。

第1正規化とは、非正規形の表から繰り返し部分を取り除くことであり、繰り返し部分が取り除かれたものを第1正規形という。

第2正規化とは、主キーの一部から特定できる項目を別表に分離することであり、この切り離し処理がされたものを第2正規形という。

第3正規化とは、主キー以外の項目で特定できる項目を別表に分離することであり、この切り離し処理がされたものを第3正規形という。

本設問では、繰り返し部分がなく、「受注日」や「得意先コード」が主キーである「受注番号」から特定できる情報が1つの表に記載されていることから、第1正規形であるが第2正規化がなされていない状態だとわかる。

以上より、アが正解である。

OSI基本参照モデル

■ **令和5年度　第12問**

　LANを構成するために必要な装置に関する以下のa～eの記述とその装置名の組み合わせとして、最も適切なものを下記の解答群から選べ。

a　OSI基本参照モデルの物理層で電気信号を中継する装置。

b　OSI基本参照モデルのデータリンク層の宛先情報を参照してデータフレームを中継する装置。

c　OSI基本参照モデルのネットワーク層のプロトコルに基づいてデータパケットを中継する装置。

d　OSI基本参照モデルのトランスポート層以上で使用されるプロトコルが異なるLAN同士を接続する装置。

e　無線LANを構成する機器の1つで、コンピュータなどの端末からの接続要求を受け付けてネットワークに中継する装置。

〔解答群〕

ア　a：ブリッジ　　　　b：リピータ　　　　　c：ルータ
　　d：ゲートウェイ　　e：アクセスポイント

イ　a：リピータ　　　　b：アクセスポイント　c：ゲートウェイ
　　d：ルータ　　　　　e：ブリッジ

ウ　a：リピータ　　　　b：ブリッジ　　　　　c：ルータ
　　d：ゲートウェイ　　e：アクセスポイント

エ　a：リピータ　　　　b：ルータ　　　　　　c：ゲートウェイ
　　d：ブリッジ　　　　e：アクセスポイント

オ　a：ルータ　　　　　b：ブリッジ　　　　　c：アクセスポイント
　　d：ゲートウェイ　　e：リピータ

解答	ウ

■ 解説

OSI基本参照モデルに関する問題である。

a：OSI基本参照モデルの物理層で電気信号を中継する装置をリピータという。

b：OSI基本参照モデルのデータリンク層の宛先情報を参照してデータフレームを中継する装置をブリッジという。ブリッジにより、データに付与されたMACアドレスをもとにデータの中継を行う。

c：OSI基本参照モデルのネットワーク層のプロトコルに基づいてデータパケットを中継する装置をルータという。ルータはIPアドレスをもとにデータを転送すべき経路を判断する機能を持つ。

d：OSI基本参照モデルのトランスポート層以上で使用されるプロトコルが異なるLAN同士を接続する装置をゲートウェイという。

e：無線LANを構成する機器の1つで、コンピュータなどの端末からの接続要求を受け付けてネットワークに中継する装置をアクセスポイントという。

以上より、ウが正解である。

ビジネスインテリジェンス（BI）

頻出度
B

→ p.193

■ 令和5年度　第16問

　OLAPは、ビジネスインテリジェンス（BI）に用いられる主要な技術の1つである。OLAPに関する記述として、最も適切なものはどれか。

ア　HOLAPとは、Hadoopと呼ばれる分散処理技術を用いたものをいう。

イ　MOLAPとは、多次元データを格納するのにリレーショナルデータベースを用いたものをいう。

ウ　ROLAPとは、多数のトランザクションをリアルタイムに実行するものをいう。

エ　ダイシングとは、多次元データの分析軸を入れ替えて、データの切り口を変えることをいう。

オ　ドリルスルーとは、データ集計レベルを変更して異なる階層の集計値を参照することをいう。

解答	エ

■ 解説

OLAPに関する問題である。

ア：不適切である。HOLAPとは、ハイブリッドOLAPのことであり、MOLAPとROLAPの中間的な位置づけとなる。

イ：不適切である。MOLAPとは、多次元OLAPのことであり、データを多次元データベース（キューブ）として格納し、ユーザーの操作要求に応じて、多次元データベースから集計済データを取り出し、参照・利用する。

ウ：不適切である。ROLAPとは、リレーショナルOLAPのことであり、リレーショナルデータベースに格納されたデータを直接操作する多次元データ分析である。

エ：適切である。

オ：不適切である。ドリルスルーとは、集計値のもととなった詳細データを表示する機能のことである。

以上より、エが正解である。

モデリング技法

➡ p.160

■ 令和5年度　第17問

　システム開発に利用されるモデリング技法には、DFD、ER図、UMLなどがある。それぞれの手法に関する記述として、最も適切な組み合わせを下記の解答群から選べ。

a　DFDは、データの流れに着目して対象業務のデータの流れと処理の関係を記述する。

b　ER図は、システムの状態とその遷移を記述する。

c　UMLにおけるアクティビティ図は、システムが提供する機能を記述する。

d　UMLにおけるシーケンス図は、オブジェクト間の相互作用を時系列に記述する。

e　UMLにおけるユースケース図は、業務や処理の実行順序を記述する。

〔解答群〕
ア　aとc
イ　aとd
ウ　bとd
エ　bとe
オ　dとe

解答	イ

■ **解説**

　モデリング技法に関する問題である。

a：適切である。

b：不適切である。ER図とは、データベース設計における基本となる設計図
　であり、データを実体（entity）、関連（relationship）、属性（attribute）の
　3つの構成要素でモデル化する。問題文は状態遷移図の説明である。

c：不適切である。アクティビティ図とは、業務や処理の実行手順を表したも
　のである。

d：適切である。

e：不適切である。ユースケース図とは、ユーザーがシステムによって何を行
　うのかを表したものである。

　以上より、イが正解である。

モバイル端末のセキュリティ管理

頻出度
A

→ p.150

■ 令和5年度　第21問

　テレワークで利用するモバイル端末に対して、安全かつ効率的な管理が求められている。この管理に関する記述として、最も適切なものはどれか。

ア　BYOD (Bring Your Own Device) は、組織の公式的な許可を得ずに組織が所有するモバイル端末を社員が私的に利用することである。

イ　COPE (Corporate Owned, Personally Enabled) は、モバイル端末利用ポリシーに従って社員が所有するモバイル端末を業務で利用することである。

ウ　MCM (Mobile Content Management) は、社員が利用するモバイル端末内の業務データを管理するシステムや技術である。

エ　MFA (Multi-Factor Authentication) は、社員が所有する複数のモバイル端末によって認証を行うシステムや技術である。

オ　SSO (Single Sign-On) は、社員が利用するモバイル端末には最低限の機能しか持たせず、サーバ側でアプリケーションやファイルなどの資源を管理するシステムや技術である。

解答	ウ

■ 解説

モバイル端末の情報セキュリティに関する問題である。

ア：不適切である。BYODとは、社員が私物の情報端末などを持ち込んで業務で利用することである。

イ：不適切である。COPEとは、企業が社員に対して情報端末などを貸与・供与し、社員が一定の条件下のもと業務以外に利用することも認める方式である。

ウ：適切である。

エ：不適切である。MFAとは多要素認証のことで、認証の3要素である「知識情報」、「所有情報」、「生体情報」のうち異なる認証手段を組み合わせて用いることである。たとえば、指紋認証と暗証番号認証の組み合わせがこれにあたる。

オ：不適切である。SSOとはシングルサインオンのことで、一度の利用者認証で複数のサービス、ソフトウェアなどを利用できるようにする仕組みのことである。

以上より、ウが正解である。

ネットワークセキュリティ

■ 令和5年度　第22問

　ネットワークのセキュリティを確保することは重要である。ネットワークセキュリティに関する以下のa～eの記述とその用語の組み合わせとして、最も適切なものを下記の解答群から選べ。

a　ネットワークへの不正侵入を監視し、不正侵入を検知した場合に管理者に通知するシステム。

b　ネットワークへの不正侵入を監視し、不正侵入を検知した場合にその通信を遮断するシステム。

c　SQLインジェクションなどのWebアプリケーションへの攻撃を検知し、防御するシステム。

d　インターネット上に公開されたサーバへの不正アクセスを防ぐため、外部ネットワークと内部ネットワークの中間に設けられたネットワーク上のセグメント。

e　機器やソフトウェアの動作状況のログを一元的に管理し、セキュリティ上の脅威となる事象をいち早く検知して分析できるようにするシステム。

〔解答群〕
ア　a：IDS　　b：IPS　　c：DMZ　d：SIEM　e：WAF
イ　a：IDS　　b：IPS　　c：WAF　d：DMZ　e：SIEM
ウ　a：IPS　　b：IDS　　c：WAF　d：DMZ　e：SIEM
エ　a：IPS　　b：WAF　c：SIEM　d：DMZ　e：IDS
オ　a：SIEM　b：IDS　　c：WAF　d：SIEM　e：DMZ

解答	イ

■ **解説**

　ネットワークセキュリティに関する問題である。

a：ネットワークへの不正侵入を監視し、不正侵入を検知した場合に管理者に通知するシステムのことをIDS (Intrusion Detection System) という。

b：ネットワークへの不正侵入を監視し、不正侵入を検知した場合にその通信を遮断するシステムのことをIPS (Intrusion Prevention System) という。

c：Webアプリケーションへの攻撃を検知し、防御するシステムのことをWebアプリケーションファイヤーウォール (WAF) という。

d：インターネット上に公開されたサーバへの不正アクセスを防ぐため、外部ネットワークと内部ネットワークの中間に設けられたネットワーク上のセグメントのことをDMZ (DeMilitarized Zone：非武装地帯) という。

e：機器やソフトウェアの動作状況のログを一元的に管理し、セキュリティ上の脅威となる事象をいち早く検知して分析できるようにするシステムのことをSIEM (Security Information and Event Management) という。

　以上より、イが正解である。

3 令和4年度の重要・頻出問題にチャレンジ

無線LAN

頻出度
B

→ p.120

■令和4年度　第1問

　インターネットへの接続やデジタル機器同士のデータ交換の際に用いる無線通信技術にはさまざまな種類があり、それぞれの特徴を理解する必要がある。

　無線通信技術に関する記述として、最も適切な組み合わせを下記の解答群から選べ。

a　無線 LAN 規格 IEEE802.11n に対応する機器は、IEEE802.11ac に対応する機器と通信が可能である。

b　無線 LAN 規格 IEEE802.11g に対応する機器は、5 GHz 帯を利用するので電子レンジなどの家電製品から電波干渉を受ける。

c　Bluetooth に対応する機器は、周波数ホッピング機能により電子レンジなどの家電製品からの電波干渉を軽減できる。

d　Bluetooth に対応する機器は、5 GHz 帯を利用するので電子レンジなどの家電製品から電波干渉を受ける。

e　Bluetooth に対応する機器は、2.4 GHz 帯と 5 GHz 帯を切り替えて通信を行うことができるので、電子レンジなどの家電製品からの電波干渉を軽減できる。

〔解答群〕

ア　aとc　　　　　　イ　aとe　　　　　　ウ　bとc
エ　bとd　　　　　　オ　bとe

解答	ア

■ 解説

無線LANに関する問題である。

a：適切である。IEEE802.11nとIEEE802.11acは規格が異なるが、互換性があるため通信することが可能である。

b：不適切である。IEEE802.11gの無線周波数は2.4GHz帯を利用する。2.4GHz帯は電子レンジなどの家電製品も利用しているため、電波干渉を受け、通信速度が遅くなったり不安定になったりする。

c：適切である。Bluetoothは周波数ホッピング方式を採用しており、毎秒1600回のチャネル切り替えを行いながら通信する。そのため、周囲に電波干渉の原因となる家電製品があっても、その影響を軽減できる。

d：不適切である。Bluetoothが利用する無線周波数は2.4GHz帯である。

e：不適切である。Bluetoothが家電製品からの電波干渉を軽減するのは周波数ホッピング方式の採用によるもので、利用する無線周波数は変わらない。

以上より、アが正解である。

プログラミング言語

頻出度 **A**

➡ p.62

■ 令和4年度　第3問

　プログラミング言語には多くの種類があり、目的に応じて適切な選択を行う必要がある。

　プログラミング言語に関する記述として、最も適切なものはどれか。

ア　JavaScriptはJavaのサブセットであり、HTMLファイルの中で記述され、動的なWebページを作成するために用いられる。

イ　Perlは日本人が開発したオブジェクト指向言語であり、国際規格として承認されている。

ウ　PythonはLISPと互換性があり、機械学習などのモジュールが充実している。

エ　Rは統計解析向けのプログラミング言語であり、オープンソースとして提供されている。

オ　Rubyはビジュアルプログラミング言語であり、ノーコードでアプリケーションソフトウェアを開発することができる。

解答	エ

■ 解説

プログラミング言語に関する問題である。

ア：不適切である。JavaScriptとJavaは、異なるプログラミング言語であるため、Javaのサブセットであるという記述は誤り。JavaScriptは、オブジェクト指向のスクリプト言語であり、Webページ作成などで用いられる。

イ：不適切である。設問文はRubyの説明である。Perlは、テキストの検索や抽出、レポート作成に向いた言語である。

ウ：不適切である。PythonとLISPに直接の互換性はない。Pythonとは、簡潔で読みやすい文法が特徴のプログラミング言語である。

エ：適切である。

オ：不適切である。Rubyはビジュアルプログラミング言語ではない。コードの可読性に配慮したシンプルな構文や文法を採用しているが、ノーコードでアプリケーションソフトウェアの開発はできない。

以上より、エが正解である。

通信プロトコル

頻出度 −

➡ p.129

■ **令和4年度　第7問**

　ネットワーク上では多様な通信プロトコルが用いられている。通信プロトコルに関する記述とその用語の組み合わせとして、最も適切なものを下記の解答群から選べ。

① 　Webブラウザと Web サーバ間でデータを送受信する際に用いられる。

② 　電子メールクライアントソフトが、メールサーバに保存されている電子メールを取得する際に用いられる。

③ 　電子メールの送受信において、テキストとともに画像・音声・動画などのデータを扱う際に用いられる。

④ 　クライアントとサーバ間で送受信されるデータを暗号化する際に用いられる。

〔解答群〕

ア　①：HTTP　　②：POP3　　③：MIME　　④：SSL/TLS

イ　①：HTTP　　②：SMTP　　③：IMAP　　④：UDP

ウ　①：NTP　　②：POP3　　③：IMAP　　④：UDP

エ　①：NTP　　②：POP3　　③：MIME　　④：UDP

オ　①：NTP　　②：SMTP　　③：IMAP　　④：SSL/TLS

解答	ア

■ 解説

通信プロトコルに関する問題である。

①：HTTPの説明文である。Hypertext Transfer Protocolの略で、WebサーバとWebブラウザとの間でデータを送受信する際に使用されるプロトコルである。

②：POP3の説明文である。電子メールを保管しているサーバからメールを受信するためのプロトコルである。電子メールを取得し、クライアント側で各処理を行う。IMAPはサーバ側に電子メール情報を置いたまま各処理ができる点がPOP3とは異なる。

③：MIMEの説明文である。電子メールで各国語や画像、音声、動画などのデータを扱うための規格である。

④：SSL/TLSの説明文である。インターネット上で情報を暗号化して送受信するプロトコルである。SSLが脆弱性への対応のためバージョンアップを重ねるなかで、根本から設計を見直して新たに登場したのがTLSである。SSLという名称がすでに普及しているため、SSL/TLSと表現される。

以上より、アが正解である。

IPアドレスとドメイン

➡ p.124

■ 令和4年度　第8問

　IPアドレスやドメインに関する記述として、最も適切なものはどれか。

ア　DHCPは、ネットワークに接続するノードへのIPアドレスの割り当てを
　　自動的に行うプロトコルであり、サブネットマスクやデフォルトゲートウェ
　　イのアドレスは自動設定できない。

イ　IPv4とIPv6の間には互換性があるので、IPv4アドレスを割り当てられた
　　機器とIPv6アドレスを割り当てられた機器は直接通信できる。

ウ　NATは、ドメイン名とIPアドレスを動的に対応づけるシステムである。

エ　トップレベルドメインは、分野別トップレベルドメイン(gTLD)と国別トッ
　　プレベルドメイン(ccTLD)に大別される。

オ　ルータの持つDNS機能によって、LAN内の機器に割り当てられたプライ
　　ベートIPアドレスをグローバルIPアドレスに変換し、インターネットへ
　　のアクセスが可能になる。

解答	エ

■ 解説

　IPアドレスとドメインに関する問題である。

ア：不適切である。DHCP（Dynamic Host Configuration Protocol）とは、インターネットに一時的に接続するコンピュータに、必要な情報を自動的に割り当てるプロトコルである。IPアドレスに加え、サブネットマスクやデフォルトゲートウェイも自動設定される。

イ：不適切である。IPv4とIPv6との間には互換性がないため、IPv4 アドレスを割り当てられた機器と IPv6 アドレスを割り当てられた機器は直接通信できない。

ウ：不適切である。NAT（Network Address Translation）は、プライベートIPアドレスをグローバルIPアドレスに変換する機能である。設問文はDNSを説明したものである。

エ：適切である。

オ：不適切である。DNS（Domain Name System）は、ドメイン名とIPアドレスを対応させる機能である。設問文はNATを説明したものである。

　以上より、エが正解である。

コンピュータの処理能力

頻出度 **B**

➡ p.92

■ 令和4年度　第12問

　企業は環境変化に対応するために、コンピュータシステムの処理能力を弾力的に増減させたり、より処理能力の高いシステムに移行させたりする必要がある。以下の記述のうち、最も適切な組み合わせを下記の解答群から選べ。

a　システムを構成するサーバの台数を増やすことでシステム全体の処理能力を高めることを、スケールアウトという。

b　システムを構成するサーバを高性能なものに取り替えることでシステム全体の処理能力を高めることを、スケールアップという。

c　既存のハードウェアやソフトウェアを同等のシステム基盤へと移すことを、リファクタリングという。

d　パッケージソフトウェアを新しいバージョンに移行する時などに行われ、データやファイルを別の形式に変換することを、リフト＆シフトという。

e　情報システムをクラウドに移行する手法の1つで、既存のシステムをそのままクラウドに移し、漸進的にクラウド環境に最適化していく方法を、コンバージョンという。

〔解答群〕
ア　aとb　　　　　イ　aとe　　　　　ウ　bとc
エ　cとd　　　　　オ　dとe

解答	ア

■ 解説

　コンピュータの処理能力に関する問題である。

a：適切である。スケールアウトは、サーバの数を増やすことで処理を分散し、処理能力を向上させることである。

b：適切である。スケールアップは、サーバのCPUやメモリを高性能なものに取り替える、あるいは、追加することで、システムの処理能力を向上させることである。

c：不適切である。リファクタリングは、外部から見たときのソフトウェアの動作を変えずに、ソースコードの内部構造を整理することである。設問文はマイグレーションの説明である。

d：不適切である。リフト＆シフトは、企業などの情報システムをクラウドへ移行する手法の1つである。設問文はコンバージョンの説明である。

e：不適切である。コンバージョンは、データやファイルを別の形式に変換することである。設問文はリフト＆シフトの説明である。

　以上より、アが正解である。

機械学習

➡ p.142

■ 令和4年度　第15問

機械学習の手法に関する記述として、最も適切な組み合わせを下記の解答群から選べ。

a　クラスタリングはカテゴリ型変数を予測する手法であり、教師あり学習に含まれる。

b　クラスタリングはデータをグループに分ける手法であり、教師なし学習に含まれる。

c　分類はカテゴリ型変数を予測する手法であり、教師あり学習に含まれる。

d　分類はデータをグループに分ける手法であり、教師あり学習に含まれる。

e　回帰はデータをグループに分ける手法であり、教師なし学習に含まれる。

〔解答群〕

ア　aとd　　　　　　イ　aとe　　　　　　ウ　bとc

エ　bとd　　　　　　オ　cとe

解答	ウ

■ **解説**

機械学習に関する問題である。

a：不適切である。クラスタリングは、カテゴリ型変数を予測する手法であるが、教師なし学習に含まれる手法である。

b：適切である。

c：適切である。分類は、クラスタリングと同様、カテゴリ型変数を予測する手法であるが、クラスタリングとは異なり、正解用のラベルを付けた学習用データにより学習をする教師あり学習に含まれる手法である。

d：不適切である。分類は、データをグループに分ける手法ではなく、カテゴリ型変数を予測する手法である。

e：不適切である。回帰は、連続値を予測する手法で、教師あり学習に含まれる。

以上より、ウが正解である。

情報セキュリティマネジメント

■ **令和4年度　第17問**

　情報セキュリティマネジメントにおいては、情報セキュリティリスクアセスメントの結果に基づいて、リスク対応のプロセスを決定する必要がある。

　リスク対応に関する記述とその用語の組み合わせとして、最も適切なものを下記の解答群から選べ。

a　リスクを伴う活動の停止やリスク要因の根本的排除により、当該リスクが
　　発生しない状態にする。

b　リスク要因の予防や被害拡大防止措置を講じることにより、当該リスクの
　　発生確率や損失を減じる。

c　リスクが受容可能な場合や対策費用が損害額を上回るような場合には、あ
　　えて何も対策を講じない。

d　保険に加入したり、業務をアウトソーシングするなどして、他者との間で
　　リスクを分散する。

〔解答群〕

ア　a：リスク移転　　b：リスク低減　　c：リスク回避　　d：リスク保有

イ　a：リスク移転　　b：リスク保有　　c：リスク回避　　d：リスク低減

ウ　a：リスク回避　　b：リスク移転　　c：リスク保有　　d：リスク低減

エ　a：リスク回避　　b：リスク低減　　c：リスク保有　　d：リスク移転

オ　a：リスク低減　　b：リスク回避　　c：リスク移転　　d：リスク保有

解答	エ

■ 解説

情報セキュリティマネジメントに関する問題である。

a：「リスク回避」の説明である。リスク回避は、脅威発生の要因を停止あるいは全く別の方法に変更することにより、リスクが発生する可能性を取り去ることである。

b：「リスク低減」の説明である。リスク低減は、脆弱性に対して情報セキュリティ対策を講じることにより、脅威発生の可能性を下げることである。

c：「リスク保有」の説明である。リスク保有は、リスクの影響力が小さいため、許容範囲内として受容することである。許容できるリスクのレベルを設定し、対策が見当たらない場合や、対策がコストに見合わない場合等にリスクを受容する。

d：「リスク移転」の説明である。リスク移転は、リスクを他社などに移すことである。たとえば、保険加入や他社への業務委託、契約による損害賠償などがある。

以上より、エが正解である。

CPIとSPI

頻出度 A

→ p.166

■ 令和4年度　第19問

　中小企業A社では、基幹業務系システムの刷新プロジェクトを進めている。先月のプロジェクト会議で、PV（出来高計画値）が 1,200 万円、AC（コスト実績値）が 800 万円、EV（出来高実績値）が 600 万円であることが報告された。

　このとき、コスト効率指数（CPI）とスケジュール効率指数（SPI）に関する記述として、最も適切なものはどれか。

ア　CPI は 0.50 であり、SPI は 0.67 である。

イ　CPI は 0.50 であり、SPI は 0.75 である。

ウ　CPI は 0.67 であり、SPI は 0.50 である。

エ　CPI は 0.67 であり、SPI は 0.75 である。

オ　CPI は 0.75 であり、SPI は 0.50 である。

解答	オ

■ 解説

プロジェクト管理に関する問題である。

コスト効率指数 (CPI : Cost Performance Index)

　プロジェクトの進捗に対して、計画と比較してどのくらいコストがかかっているのかを示す指標。EV (出来高実績値) をAC (コスト実績値) で割ることで求める。

スケジュール効率指数 (SPI : Schedule Performance Index)

　現時点における進捗が、当初の計画に対して前倒しであるか遅延しているかを評価する指標。EV (出来高実績値) をPV (出来高計画値) で割ることで求める。

CPI = 600万円 / 800万円 = 0.75
SPI = 600万円 / 1,200万円 = 0.50

以上より、オが正解である。

I

情報通信技術に関する基礎的知識

論点1　ハードウェア①－情報の単位と5大装置

ポイント

コンピュータの世界では、情報は2進数で表現される。コンピュータは「入力装置」「出力装置」「記憶装置」「演算装置」「制御装置」によって構成されている。

■ コンピュータにおける情報の単位

　一般的に数字は、10進数という0から9までの10種類の数字を用いて表現する。10進数では、9まで数えた後は1桁上がって10となる。コンピュータの世界では、2進数という0と1のみの数字を使って表現される。

【 10進数と2進数の関係 】

10進数	2進数
0	0
1	1
2	10
3	11
4	100
5	101

　コンピュータの世界では、ビット（bit）という単位が用いられる。ビットはコンピュータが扱う情報の最小単位で、2進数の1桁を表している。具体的には、2進数で表された「00110」は5ビット、「11001010」は8ビットとなる。コンピュータの世界では、主に8ビットを1つの単位として扱われることが多い。この8ビットを1バイト（Byte）という。つまり、512バイトは、4096ビット（512×8）と同じである。

　また、コンピュータの世界では非常に大きな桁数の数字が扱われることが多いため、さまざまな補助単位が利用されている。

【 補助単位の例 】

単位	桁	
K（キロ）	10^3	1,000
M（メガ）	10^6	1,000,000
G（ギガ）	10^9	1,000,000,000
T（テラ）	10^{12}	1,000,000,000,000

❷ 情報の格納方法

コンピュータの中で、データや命令はメモリ（主記憶装置）の中に格納される。メモリに格納された命令をCPUが取り出し、必要に応じた処理を実行する。その際に使用するデータもメモリ上に格納される。CPUが、データをメモリの自由な場所に出し入れできるのは、メモリのアドレス（どこにデータが格納されているかを表す場所）を指定することで可能となっている。

【 CPUとメモリの関係 】

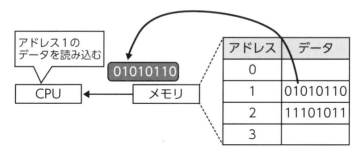

3 コンピュータの5大装置

コンピュータが動作するためには、5つの装置が必要である。

【 コンピュータの5大装置 】

名称	説明
入力装置	コンピュータにデータを入力するための装置である。 キーボードやマウスなどがある。
出力装置	コンピュータが処理した結果を表示する装置である。 ディスプレイやプリンタなどがある。
記憶装置	コンピュータの内部でデータやプログラムを格納する装置である。 半導体メモリやハードディスクなどがある。 半導体メモリを使用した記憶装置を主記憶装置、ハードディスクやフロッピーを補助記憶装置と呼ぶ。
演算装置	コンピュータ内部でデータの処理を行う装置である。
制御装置	コンピュータの内部の動作を制御する装置である。 各装置に制御信号を送ることで動作をコントロールしている。

具体的には次のような流れで動作する。

① 入力装置から主記憶装置にデータを入力する。

② 補助記憶装置に格納されているデータを主記憶装置に読み込む。

③ 主記憶装置に記憶されたデータをCPUが読み込み、データの処理を実施した後に、主記憶装置に処理結果を書き込む。

④ 主記憶装置に記憶された処理結果を出力装置に出力する。

⑤ 主記憶装置に記憶された処理結果を補助記憶装置に格納する。

【 コンピュータの5大装置の関係 】

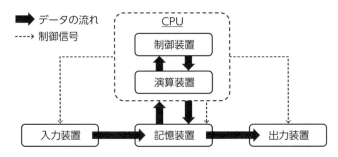

【 コンピュータの5大装置 】

演算装置

制御装置

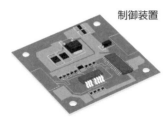

入力装置

記憶装置

出力装置

過去問　過去5年間での出題はない。

B 論点2　ハードウェア②－記憶装置

ポイント

「記憶装置」は、半導体メモリを利用した主記憶装置とハードディスクなどを利用した補助記憶装置に大別される。

1 主記憶装置

　主記憶装置は、演算装置が処理するために必要なデータやプログラムを格納するための装置である。主記憶装置には、アクセスが高速で、何度も書換えが可能なRAM（Random Access Memory）という半導体メモリが使用される。基本的に揮発性という、電源を供給しないと記憶している情報を保持できない性質を利用している。演算装置と直接やり取りをするため、高速なアクセス速度が求められる。

　それに対し、ROM（Read Only Memory）という読み出し専用の半導体メモリがある。こちらは不揮発性という、電源供給をしなくても記憶を失わない性質を利用している。

【 半導体メモリの種類 】

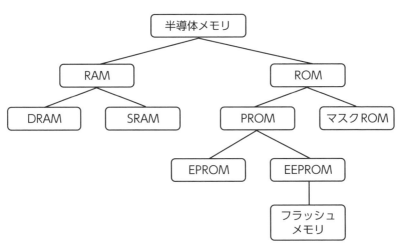

【 半導体メモリ 】

用語	説明
マスクROM	製造時にデータを書き込む。記憶内容の書き換えはできない。
PROM	後から記憶内容の書き込みが可能なROMである。
EPROM	紫外線で記憶内容を消去し、書き直し可能なPROMである。
EEPROM	電気的に記憶内容を消去し、書き直し可能なPROMである。
フラッシュメモリ	EEPROMの一種である。USBメモリ、SDメモリカード、SSDといった記憶装置に使われる。
DRAM	リフレッシュ（定期的に記憶内容を書き込む処理）が必要なRAMである。消費電力が大きく、転送速度が遅いが安価である。
SRAM	リフレッシュ動作が不要である。高速なデータ転送が可能なRAMで、DRAMよりも高価である。

2 補助記憶装置

　補助記憶装置は、データやプログラムを格納するための装置である。しかし、主記憶装置のように演算装置と直接やり取りはしないため、アクセス速度よりも大容量であることが求められる。

【 主な補助記憶装置 】

用語	説明
ハードディスクドライブ（HDD）	磁気ディスク装置とも呼ばれ、磁気ヘッドにより磁気的にデータを読み書きするものである。一般的なパソコンの補助記憶装置として広く利用されている。
DVD	データ記録用の光学ディスクの1つ。記憶容量は、4.7GB（片面1層）、8.5GB（片面2層）9.4GB（両面1層）
ブルーレイディスク	DVDを超える容量が記憶可能な次世代DVD規格の1つ。記憶容量は、25GBや50GB，100GBなど。
SSD	Solid State Driveの略である。記憶媒体としてフラッシュメモリを用いるドライブ装置である。ハードディスクの代替として利用され、高速な読み書きが可能である。

論点3　ハードウェア③－CPU

> CPUは、中央演算処理装置ともいい、コンピュータの5大装置の中で、制御装置と演算装置の2種類をつかさどるハードウェアである。

❶ CPU (Central Processing Unit)

　演算装置としての役割は、制御装置の指示により記憶装置に格納されているデータやプログラムに対して処理を行うことである。具体的には、四則演算や論理演算（0または1で表現された値に対して演算結果を返す処理）を行い、結果を出力する。制御装置としての役割は、演算装置、主記憶装置、入力装置、出力装置などを制御することである。

　CPUの性能指標の1つとして、クロック周波数がある。クロック周波数とは、コンピュータの内部において各処理の同期をとるための間隔のことである。一般的に、クロック周波数が高いとCPUの処理速度も速くなる。

【CPUの動作】

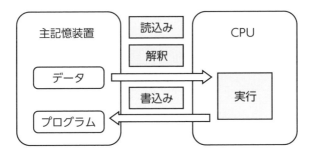

❷ CPUの高速化

　CPUを高速化する手法には、先行制御、パイプライン処理、デュアルコアなどがある。

【 CPUの高速化の手法 】

用語	説明
先行制御	ある命令の実行中に次の命令を主記憶装置に読みだしておくことで、主記憶装置での待ち時間を減らし、処理を高速化する手法である。
パイプライン処理	1つの命令を複数の段階に分け（命令の読み込み、解釈、実行、結果の書き込みなど）、各段階の処理を並列処理することで、主記憶装置の待ち時間を減らし、処理を高速化する手法である。
マルチプロセッサ	複数のCPUで、主記憶装置と補助記憶装置を共有し、並列処理をするシステムである。並列処理により、処理を高速化する手法である。
タンデムシステム	複数のCPUを直接に接続したシステムである。それぞれが特定の処理に注力し役割分担をすることで処理速度を向上する手法である。
デュアルコアCPU	1つのCPUに2つのプロセッサコアを集積したCPUのことである。1つのCPUで同時に2つのプロセスを実行することで処理速度を高速化する手法である。1台のコンピュータに2つのCPUを搭載するデュアルプロセッサ構成とほぼ同じ性能である。

【 パイプライン処理 】

処理1	命令読込	命令解釈	命令実行	結果書込		
処理2		命令読込	命令解釈	命令実行	結果書込	
処理3			命令読込	命令解釈	命令実行	結果書込

⋮

時間の流れ →

【 マルチプロセッサ 】

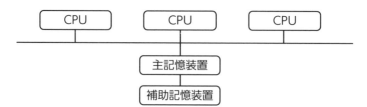

【 タンデムシステム 】

| CPU | CPU | CPU | DB |

通信処理に特化　メインプロセッサ　ＤＢ処理に特化

【 デュアルコアプロセッサ 】

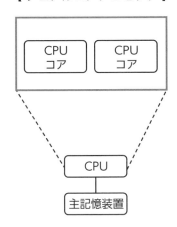

追加 ポイント

・CPUの処理能力の評価指標の代表は、MIPSとFLOPSである。
・MIPSは、1秒間に実行できる命令数を百万単位で表現したものである。具体的には、1MIPSとは「1秒間に100万回命令を実行できる」性能を表す。
・FLOPSは、1秒間に実行できる浮動小数点演算の数を表したものである。浮動小数点演算とは、主に科学技術計算で用いられる演算である。

過去問　過去5年間での出題はない。

論点4　ハードウェア④－主記憶装置

ポイント

コンピュータは、記憶階層という考え方により高速化を図る。具体的には、キャッシュメモリと呼ばれる高速なメモリを用意し、CPUの待ち時間を減らす。

1 記憶階層

　記憶階層とは、高速で小容量の記憶装置と、低速で大容量の記憶装置を組み合わせることで、コンピュータ全体として高速で大容量の記憶装置を実現する仕組みである。主記憶装置とハードディスクなどの補助記憶装置を階層化し、上位ほど「高速・小容量・高価」なものを利用し、下位になるほど「低速・大容量・安価」なものを利用する。

【 記憶階層 】

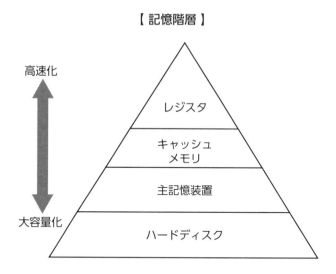

2 キャッシュメモリ

　主記憶装置とCPUの間に、高速かつ小容量のキャッシュメモリを配置する。主記憶装置に格納されているデータやプログラムの中で、CPUの利用頻度が高いものを、主記憶装置よりも高速アクセスが可能なキャッシュメモリに格納

することで、CPUの待ち時間を減らすことができ、コンピュータ全体の処理速度の高速化を実現する。処理装置は、まずキャッシュメモリに必要な情報があるかを検索し、存在しない場合は主記憶装置を検索する。

【キャッシュメモリの位置づけ】

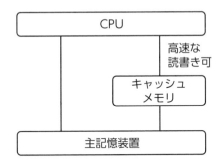

CPUが主記憶装置にアクセスする場合、同じデータに繰り返しアクセスすることが多い。したがって、一度アクセスしたデータを主記憶装置よりも高速なキャッシュメモリに格納することで、CPUは次からはキャッシュメモリにアクセスし、より高速なアクセスが可能となる。この機能をキャッシュ機能と呼び、データがキャッシュメモリに存在する確率をヒット率という。CPUは、必要なデータがキャッシュにない場合のみ、主記憶装置に対してアクセスする。

キャッシュメモリがある場合のデータの平均読み出し時間は、次のように表すことができる。

平均読み出し時間 ＝（キャッシュのアクセス速度 × ヒット率）＋
　　　　　　　　　　　（主記憶装置のアクセス速度 ×（1 － ヒット率））

〈計算例〉

次の条件で示される主記憶装置への平均読み出し時間を算出せよ。

・主記憶装置の平均アクセス時間は、80ナノ秒
・キャッシュメモリの平均アクセス時間は、30ナノ秒
・キャッシュのヒット率は、90％である。

平均読み出し時間 ＝ 　30 × 0.9 ＋ 80 ×（1 － 0.9）　＝ 　35ナノ秒

❸ メモリインタリーブ

　メモリインタリーブとは、メモリアクセスを高速化するための技法である。複数のメモリバンク（メモリを管理する際の単位。一定の容量を持つメモリの集合であり、メモリを増設する場合はバンク単位で行う必要がある）に同時並行で読み書きを行うことにより高速化を行う手法である。具体的には、メモリのアドレスをメモリバンクにまたがって連続的に割り当てるようにし、同じメモリバンクへのアクセスの競合を防ぎ、高速化を実現している。

　右図は、メモリインタリーブの実施前と実施後のメモリバンク内のアドレスを表現したものである。4つのメモリバンクに書き込まれたアドレスにおいて、当初、アドレスA〜Dへのアクセスは、2つのメモリバンクに集中することがわかる。そこで、アドレスA〜Dを4つのメモリバンクに振り分けることで、同じメモリバンクへのアクセスの競合を防いでいる。

❹ その他の用語

【 その他の用語 】

用語	説明
ガーベージコレクション	実行中のプログラムが使用しなくなったメモリ領域や、プログラム間の隙間のメモリ領域などを集めて、連続した利用可能なメモリ領域を確保する技術である。
ディスクキャッシュ	主記憶装置と補助記憶装置の間に使われるキャッシュメモリである。高速な主記憶装置と低速な補助記憶装置の速度差を埋めるために利用される。

【 メモリインタリーブによる処理の高速化 】

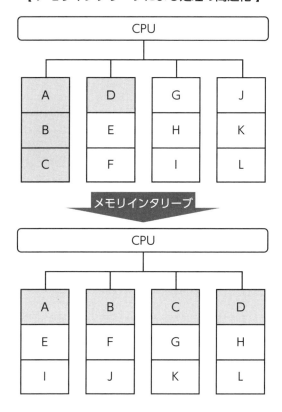

過去問　過去5年間での出題はない。

論点5　ハードウェア⑤－仮想記憶

主記憶装置の記憶容量は有限である。しかし、複数のプログラムを同時に実行するなど負荷の高い処理に対応するためには、効率的な記憶管理が必要となる。そのための手法が仮想記憶である。

🔲 仮想記憶

　仮想記憶（方式）とは、主記憶装置の容量の少なさを補うために補助記憶装置にデータを退避し、主記憶装置の実容量を超える空間を作り出す方式のことである。

【 記憶装置 】

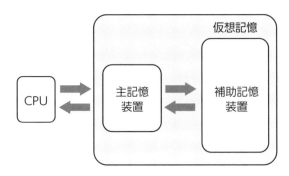

🔲 ページング方式

　ページング方式は、仮想記憶の代表的な方式である。

　ページング方式は、プログラムとアドレスを一定の単位（ページ）に分割して管理する方法である。必要なプログラムを主記憶装置に保存（ページイン）し、あまり利用されないプログラムを補助記憶装置に退避（ページアウト）することを繰り返しながらプログラムを実行する。右図では、1つのプログラムを8つのページに分割し、ページング方式により仮想記憶を実現している。

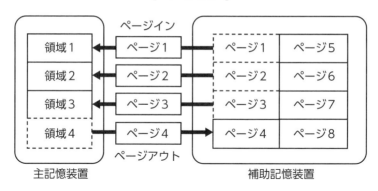

【 ページング 】

ページイン

領域1	ページ1
領域2	ページ2
領域3	ページ3
領域4	ページ4

ページアウト

主記憶装置

ページ1	ページ5
ページ2	ページ6
ページ3	ページ7
ページ4	ページ8

補助記憶装置

　ページの入れ替えをスワッピングとも呼ぶ。主記憶装置の容量が少ない場合、頻繁にスワッピングが発生し、処理速度が極端に低下することがある。この現象をスラッシングという。後述のスワッピングとは厳密には意味が異なる言葉である。

❸ スワッピング方式

　ハードディスクなどの補助記憶装置を利用して使用可能なメモリ容量を増やす方式の1つである。ハードディスク上に「スワップ領域」と呼ばれる専用の保存領域を用意し、メモリ容量が不足した際に現在使われていないプログラムを一時的にスワップ領域に書き出して、メモリ上から消去する。

追加 ポイント

スプーリング機能は、処理速度が遅い入出力データを一時的にハードディスクなどの補助記憶装置に保管し、CPUの待ち時間を減らし効率的に処理を進める技術である(プリンタの印刷時などに利用される)。

過去問　過去5年間での出題はない。

B 論点6　ハードウェア⑥－インタフェース

ポイント

インタフェースは、コンピュータと入出力装置を接続する仕組みである。
入出力インタフェースが異なる機器同士は接続することができない。

1 インタフェース

　インタフェースには、1本のデータ信号線で1ビットずつ伝送する「シリアル
伝送（直列伝送）」と、複数のデータ信号線で複数ビットを同時に伝送する「パ
ラレル伝送（並列伝送）」がある。

【 シリアル伝送 (直列伝送) 】　　　【 パラレル伝送 (並列伝送) 】

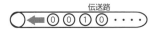

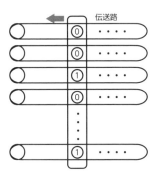

　シリアル伝送とパラレル伝送では、複数ビットを並行して送ることができるパ
ラレル伝送のほうが、効率がよいように考えられる。しかし、転送速度が高速
化したり転送距離が長距離化したりするにつれて、各伝送路のタイミングを取
ることが技術的に難しくなってきた。したがって、シリアル伝送を高速化する
ことが主流となっている。

【 代表的なシリアルインタフェース 】

名称	特徴
USB	最大127台まで接続可能である。USB3.0でより高速化した。理論値の転送速度はUSB2.0（最大480Mbps）、USB3.0（最大5Gbps）である。

Bluetooth	2.4GHz対を用いた無線通信規格である。機器間に障害物があっても通信可能であり、さまざまな情報通信端末が対応している。接続相手を特定するため、ペアリングと呼ばれる操作が必要になる。
HDMI	映像・音声をデジタル信号で伝送するデジタル家電向けのインタフェースである。
シリアルATA (SATA)	コンピュータとハードディスクや光学ドライブなどの記憶装置を接続する規格の1つである。シンプルなケーブルで高速な転送を実現する。
e-SATA (exrernal SATA)	高速でホットプラグに対応し、外付けハードディスクになどに接続する規格の1つ。
IEEE1394	デジタルビデオカメラの標準インタフェースであり、最大63台まで接続可能である。
IrDA	赤外線を利用した近距離用無線通信規格である。機器間に障害物があると通信に支障が出る。

【 代表的なパラレルインタフェース 】

名称	特徴
SCSI	ハードディスクなど比較的高速通信が必要な機器の接続に利用される。最大7台または15台まで接続可能である。
IDE	ハードディスクなどの接続に利用される。 最大2台まで接続可能である。
IEEE1284	プリンタなどの接続に使われる。拡張仕様により、最大8MB/sまでの高速なデータ転送や双方向通信、最大7台までの機器を数珠繋ぎ(デイジーチェーン)接続可能。

追加 ポイント

・ホットプラグとは、電源を切らずに機器を抜き差しできる機能である。
・プラグアンドプレイとは、OSが機器を自動的に認識し、最適な設定を行う機能である。

論点7　ソフトウェア①－OS

ポイント

コンピュータを動かすためにはソフトウェアが必要である。ソフトウェアは、役割に応じシステムソフトウェアと応用ソフトウェアに大別される。システムソフトウェアであるオペレーティングシステム (OS) は、コンピュータ全体を管理している。

■1 ソフトウェアの体系

システムソフトウェアは、基本ソフトウェアとミドルウェアに大別される。また、応用ソフトウェアは、共通応用ソフトウェアと個別応用ソフトウェアに大別される。

【 ソフトウェアの体系 】

分類	名称	内容
システムソフトウェア	基本ソフトウェア	ハードウェアを制御する機能を提供する。WindowsやLinux等のOSが該当する。
	ミドルウェア	応用ソフトウェアが利用する共通機能を提供する。通信制御プログラムやデータベース管理システム (DBMS) が該当する。
応用ソフトウェア（アプリケーションソフトウェア）	共通応用ソフトウェア	多様な業種・業務で共通して利用できるソフトウェアである。CAD・CAMや表計算/文書作成ソフトウェアが該当する。
	個別応用ソフトウェア	特定業務向けのソフトウェアのことである。利用者が必要に応じて開発したソフトウェアが該当する。

ソフトウェアのバグやセキュリティ上の不具合の修正を行った場合、修正部分だけを抜き出したパッチファイルをユーザに配布することが多い。

応用ソフトウェア (アプリケーションソフトウェア) は、アプリケーション、アプリ、App、appなどと略されることもある。

❷ OS (Operating System)

OSとは、入出力機能やディスクやメモリの管理機能など、多くの応用ソフトウェアから共通して利用される機能を提供し、ハードウェアの制御を行い、コンピュータシステム全体を最適に管理するソフトウェアのことである。

【 OSの位置づけ 】

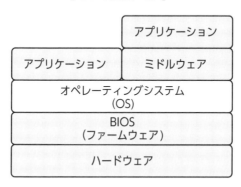

BIOS (Basic Input/Output System) とは、基本ソフトウェアとハードウェアの中間的なソフトウェアである。ファームウェアともいう。パソコンの周辺機器へのデータの入出力を制御するために利用される。パソコンの電源を入れるとまずBIOSが起動され、その後OSが呼び出されて、OSによる制御が開始される。

【 電源投入からOSが起動するまでの流れ 】

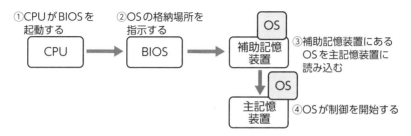

❸ OSの機能

OSは、3つのソフトウェアから構成されている。

【 OSの構成 】

名称	特徴
制御プログラム	ハードウェアを有効的に活用するためのソフトウェアである。主に、メモリ管理、ジョブ管理、タスク管理などがある。
言語プロセッサ	言語プロセッサは、プログラム言語を機械語に変換するためのソフトウェアである。
サービスプログラム（ユーティリティ）	サービスプログラムは、ユーティリティとも呼び、コンピュータの使用を補助的にサポートするサービスを提供する。

OSを構成するソフトウェアの中で、制御プログラムはさまざまなハードウェア管理のための機能を提供している。

【 OSの制御プログラム 】

機能名	特徴
ジョブ管理	ユーザから指示されたジョブ (仕事) の実行制御を行う。ジョブは、ユーザから見た仕事の単位である。
タスク管理	CPUの割当や割込み処理の制御を行う。CPUリソースを有効活用するように、マルチプログラミング制御を行う。タスクは、コンピュータから見た仕事の単位である。
記憶管理	主記憶装置へのプログラム割付、記憶容量の確保を行う。
入出力管理	入出力装置を管理する。スプーリングによる入出力の高速化の制御を行う。
データ管理	ファイルや入出力装置のデータを管理する。
通信管理	通信の制御を行う。

❹ デバイスドライバ

デバイスドライバは、プリンタやスキャナなどの周辺機器のデバイスを動作させるためのソフトウェアである。OSがすべてのデバイスをサポートできないため、デバイスドライバを使用して周辺機器を制御するために利用される。

【 デバイスドライバの位置づけ 】

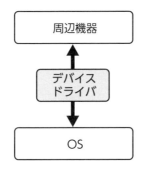

・オープンソースソフトウェア (OSS) は、ソースコードを無償で公開し、誰でもソフトウェアの改良、再配布が行えるようにしたソフトウェアのことである。
・マルチタスクとは、1台のコンピュータで同時に複数の処理を並行して行うOSの機能である。CPUの処理を短い時間に分割し、複数のプログラムに割り当てることで、あたかも複数のプログラムを同時に実行しているように見せることができる。

 令和3年度 第4問 OSの基本機能
令和3年度 第5問 ソフトウェア

A **論点8** ソフトウェア②-データ形式とプログラミング言語

ポイント

コンピュータでは、静止画や動画、音声ファイルといったさまざまな形式のデータを扱うことが可能である。また、ソフトウェアを開発するためのプログラミング言語は、用途に応じて最適なプログラミング言語が選択される。

1 データ形式

コンピュータでは、さまざまな形式のデータを扱うことができる。

【 データ形式 】

分類	形式名	内容
静止画像	BMP	Windows標準の方式である。
	JPEG	写真データに一般的に利用される非可逆の圧縮方式である。
	GIF	画像データに一般的に利用される可逆の圧縮方式である。
	PNG	画像データに一般的に利用される可逆の圧縮方式である。GIFを機能強化したファイル形式である。
動画像	MPEG-1	ビデオやCDに利用される方式である。
	MPEG-2	DVD、デジタル放送に利用される方式である。
	MPEG-4	インターネットに利用される方式である。
	MPEG-7	マルチメディアデータに付加するXMLをベースとした記述方式である。
音声データ	WAVE	Windowsで利用される方式である。
	WMA	Microsoftが開発した方式である。
	MP3	MPEG1用のオーディオ規格として開発された方式である。
その他	PDF	文章データのファイル形式であり、OS、コンピュータの環境に依存せずに表示することが可能である。
	CSV	カンマやタブで区切られたデータの方式である。テキストファイルである。

【 ラスタ形式とベクタ形式（2Dグラフィックス）】

名称	特徴
ラスタ形式	色のついた点を集めて表現しているデータ。拡大した場合などに画像が劣化する。（例）JPEG、GIF、TIF、PNG
ベクタ形式	2次元情報を数値化して記録しているデータ。拡大した場合などに画像が劣化しない。（例）SVG

❷ プログラミング言語

　コンピュータで動作するソフトウェアは、プログラミング言語を用いて開発する。その際、用途に応じて最適なプログラミング言語が選択される。

【 プログラミング言語 】

分類	名称	内容
手続き型言語	COBOL	事務処理分野で利用されている。
	C言語	システム記述言語として広く普及している。
	Fortran	科学技術計算用の言語である。
	C++	C言語をベースに拡張されたオブジェクト指向言語である。
	Java	特定のハードやOSに依存しないオブジェクト指向言語である。
その他	HTML	ホームページの作成に利用されている。タグを使うことで、フォーマットやリンクの設定をすることができる。
	JavaScript	Webブラウザ上で動作するスクリプト言語。動的なWebページ作成に利用されている。
	Python	インタープリタ型の高水準汎用プログラミング言語。データ解析や機械学習への活用が進んだことから注目されている。特徴としては、インデント（字下げ）を言語仕様上の構文の一つとして採用していることや豊富なライブラリを持つことがあげられる。Python 2（2020年に完全に終了）からPython 3へ大規模な改訂が行われ、完全な下位互換性がない。

❸ 文字コード

　コンピュータ上で文字を表現する際に文字コードが用いられる。文字コード

とは、文字や記号をコンピュータ上でデータとして扱うために、1文字ずつ固有の識別番号を与えて区別できるようにした符号のことである。

【 文字コード 】

名称	特徴
JISコード	JISコードとは、ISO 2022 (ISO/IEC 2022) の仕組みに則って定義された日本語の文字コードの1つ。 制御文字、ラテン文字 (いわゆる半角英数字・記号)、JIS X 0208 で定義された日本語文字 (ひらがな、カタカナ、漢字) や全角記号などを記述でき、半角カタカナは使用できない。
Shift-JIS コード	Shift JISとは、JIS規格として標準化された日本語を含むさまざまな文字を収録した文字コードの1つ。2～3バイトで半角文字と漢字などのいわゆる全角文字を連続して記述することができる。
ASCII コード	ASCIIとは、アルファベットや数字、記号などを収録した文字コードの1つ。最も基本的な文字コードとして世界的に普及している。1文字を7ビットの整数 (0～127) ＋誤り検査の1ビットの8ビットで表現され、ラテンアルファベット (ローマ字)、数字、記号、空白文字、制御文字など128文字を収録している。
Unicode	Unicodeとは、文字コードの国際的な業界標準の1つで、世界中のさまざまな言語の文字を収録して通し番号を割り当て、同じコード体系のもとで使用できるようにしたもの。 有名なものはUTF-8があり、Unicode/UCSで定義され1～6バイトの可変長でコードを表現する符号化方式。世界的に最も普及している。 なお、データがUTF-8であることを示すために先頭に挿入する16進数の印をBOM (バイト順マーク) と呼ぶ。
EUC	EUCとは、UNIX系OSで標準的に使われる文字コード (符号化方式) の規格の1つ。日本語の文字を収録したものを日本語EUCあるいはEUC-JPと呼び、日本国内でEUCといった場合はこれを指すことが多い。UNIX以外の環境でも、Webブラウザなどインターネットで情報を送受信するためのソフトウェアはEUCの表示や他コードへの変換に対応していることが多い。 EUCは日本語だけでなく、文字の種類が数百から数万あり1文字1バイトでは表現できない多バイト文字 (マルチバイト文字) で用いられ、他に韓国語 (ハングル) のEUC-KRや、簡体字中国語のEUC-CN、繁体字中国語のEUC-TWなどがある。

- コンピュータで文字を扱う際の代表的な文字コードとしてASCII（アスキー）、JISコード、Unicode（ユニコード）、EUCがある。
- Unicodeは、すべての文字を16ビット（2バイト）で表したものである。
- 近年の出題傾向から【論点17】のWebコンピューティングとからめて理解しておく。

論点9　ソフトウェア③−言語プロセッサ

ポイント

言語プロセッサは、人間が記述したプログラムを機械が理解できる機械語に変換 (翻訳) するソフトウェアのことである。

1 言語プロセッサ

　プログラムは、コンピュータが処理する手順をプログラミング言語で記述したものである。

　CPUは、0と1で表現された命令やデータのみ理解することができるが、人間がプログラムを書く場合に、0と1のみで書くことは非常に効率が悪い。したがって、人間が使う言語に近い形で記述することができるプログラミング言語が開発された。このようなプログラミング言語を高水準言語という。ただし、CPUは高水準言語で記述されたプログラムをそのままでは理解できないため、高水準言語で記述されたプログラムをCPUが理解できる形式 (機械語プログラム) に翻訳する必要が生じる。

【 プログラムの翻訳 】

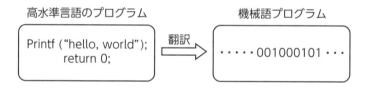

高水準言語のプログラム　　　　　　　　機械語プログラム

Printf ("hello, world");
　　　return 0;　　　　　翻訳→　・・・・・001000101・・・

　このように、プログラムを機械語プログラムに翻訳するソフトウェアを、言語プロセッサという。機械語プログラムに変換される前のプログラムを、原子プログラム (ソースプログラム、ソースコード) と呼び、変換された機械語プログラムを目的プログラム (オブジェクトプログラム、オブジェクトコード) と呼ぶ。

② 言語プロセッサの種類

　言語プロセッサは、ソースコードの種類や目的に応じて使い分けられる。大きく、アセンブラ、インタプリタ、コンパイラの3種類に分類される。

【 言語プロセッサ 】

分類	名称	内容
低水準言語プロセッサ	アセンブラ	低水準言語（機械語に近い形のプログラミング言語。アセンブラ言語）で記述されたプログラムを機械語に翻訳する。
高水準言語プロセッサ	インタプリタ	高水準言語で書かれたプログラムを1行ずつ機械語に翻訳しながら実行する言語プロセッサである。BASICやPerlなどで記述されたプログラムで利用する。
高水準言語プロセッサ	コンパイラ	高水準言語の中でも手続き型言語で書かれたプログラムを一括で機械語に翻訳し実行する言語プロセッサである。CやCOBOLなどで記述されたプログラムで利用する。

　コンパイラとインタプリタは、プログラムを翻訳し実行するタイミングが異なっている。そのため、実行速度やプログラムの作業効率に違いがある。

【 コンパイラとインタプリタ 】

名称	特徴	実行速度	作業効率
コンパイラ	ソースコードを一括でオブジェクトコードに変換する。	速い	一括実行のみ。
インタプリタ	ソースコードを1行ずつ解釈し実行する。	遅い	部分実行可能。

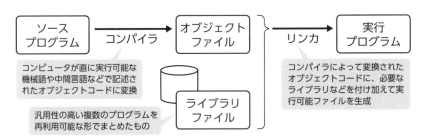

過去問　過去5年間での出題はない。

論点10　ソフトウェア④－表計算ソフトウェア

ポイント

表計算ソフトウェアは、応用ソフトウェアの一種である。表計算ソフトウェアを利用することで、数値データの集計・分析を容易にコンピュータ上で実施することができる。

1 表計算ソフトウェア

　表計算ソフトウェアは、縦横に並んだマス目（セルという）にデータや数式を入力すると、自動的に入力された値を分析し計算結果を返すソフトウェアである。スプレッドシートと呼ぶこともある。

	A	B	C
1	年　度	売上数量	増減割合
2	2000	1230	
3	2001	1560	
4	2002	1470	
5	2003	980	
6	2004	1680	
7	2005	2010	
8	2006	1320	
9	2007	2380	
10	2008	1850	

　表計算ソフトウェアでは、セルを番地で表す。具体的には、A2は数値の「2000」が入力されているセルを表し、C1は文字列の「増減割合」が入力されているセルを表している。各セルに入力できるデータは、文字列と数値に区別され、入力したデータに対するさまざまな関数が用意されている。関数を使うことで容易にデータ処理を行うことができる。

　セルに番地を使用した式を入力した場合、式の中に記述した番地のデータを書き換えると、自動再計算機能により即座に式の値が再計算される。

2 セルの参照形式

　表計算ソフトウェアの計算式で使用するセルの参照形式には、絶対参照と相対参照がある。相対参照は、「B3」のように、$マークを付けずにセルの番地を指定する方式である。相対参照の場合は、計算式を複写すると、複写先のセルから見た相対的な番地に置き換えられる。

	A	B	C
1	年　　度	売上数量	増減割合
2	2000	1230	
3	2001	1560	= B3−B2
4	2002	1470	= B4−B3
5	2003	980	= B5−B4
6	2004	1680	
7	2005	2010	
8	2006	1320	
9	2007	2380	
10	2008	1850	

　たとえば、C3に数式「=B3−B2」を入力した場合、計算結果は「330」となる。この数式をC4に複写するとC4の数式は「B4−B3」となり、計算結果は「−90」となる。同様にC5に複写するとC5の数式は「B5−B4」となり、計算結果は「−490」となる。

　絶対参照は、「B3」のように、$マークを付けてセルの番地を指定する方式である。相対参照とは異なり、計算式を複写しても、番地は置き換えられずにコピーされる。

	A	B	C
1	年　　度	売上数量	増減割合
2	2000	1230	
3	2001	1560	= B3-B2
4	2002	1470	= B4-B2
5	2003	980	= B5-B2
6	2004	1680	
7	2005	2010	
8	2006	1320	
9	2007	2380	
10	2008	1850	

　たとえば、C3に数式「=B3-＄B＄2」を入力した場合、計算結果は「330」となる。この数式をC4に複写するとC4の数式は「B4-＄B＄2」となり、計算結果は「240」となる。同様にC5に複写するとC5の数式は「B5-B2」となり、計算結果は「-250」となる。

　絶対参照は、＄マークを付ける位置により絶対参照の範囲を指定することができる。具体的には、列を絶対参照する場合は、アルファベットの前に＄を付与し、行を絶対参照する場合は、数字の前に＄を付与する。

　たとえば、C3に数式「=B3-$B2」を入力した場合、列は絶対参照となり行は相対参照となるため、C4は「=B4-$B3」、C5は「=B5-$B4」となり、D3は「C3-$B2」となる（次ページの上図参照）。

　一方、C3に数式「=B3-B$2」を入力した場合、列は相対参照となり行は絶対参照となるため、C4は「=B4-B$2」、C5は「=B5-B$2」となり、D3は「C3-C$2」となる（次ページの下図参照）。

	A	B	C	D
1	年　　度	売上数量	増減割合	
2	2000	1230		→
3	2001	1560	= B3−$B2	= C3−$B2
4	2002	1470	= B4−$B3	
5	2003	980	= B5−$B4 ↓	
6	2004	1680		
7	2005	2010		
8	2006	1320		
9	2007	2380		
10	2008	1850		

	A	B	C	D
1	年　　度	売上数量	増減割合	
2	2000	1230		→
3	2001	1560	= B3−B$2	= C3−C$2
4	2002	1470	= B4−B$2	
5	2003	980	= B5−B$2 ↓	
6	2004	1680		
7	2005	2010		
8	2006	1320		
9	2007	2380		
10	2008	1850		

過去問

令和元年度　第4問　表計算

論点11 プログラム設計

テキストファイルは、格納されている情報が文字情報のみであるファイルである。テキストファイルのデータ構造には、「固定長ファイル」と「可変長ファイル」の2パターンが存在する。

1 固定長ファイルと可変長ファイル

　固定長ファイルとは、データとデータの区切りがなく、あらかじめ格納できるデータ数（文字数など）が決まっているテキストファイルのことである。メインフレームや汎用機では、固定長ファイルを扱うのが一般的であった。したがって、メインフレームや汎用機で使用されるテキストファイルは、すべての行を同じ長さにするように、長さが足りない場合は空白文字などで埋めていた。

【 固定長ファイルの定義例 】

1	2	3	4	5	6	7	8	9	10
発注／受注フラグ 0：発注 1：受注	未確定／確定フラグ 0：未確定 1：　確定	金　額							

　上図のように固定長ファイルの定義が決められていた場合、データは10桁で1つの意味を表し、1桁目で発注と受注の区別をし、2桁目で未確定と確定を区別し、3桁目から10桁目で金額を表す。たとえば、「10,500,000円の確定した受注金額」を表す場合は、「1110500000」と表す。

　可変長ファイルとは、データの区切りや格納できるデータ数が可変であるテキストファイルである。カンマやタブでデータを区切ったCSV形式ファイルは可変長ファイルの1つである。現在のパソコンでは、可変長ファイルを扱うことができるため、任意の位置に改行文字を挿入することができる。たとえば、CSVファイルでは以下のように表す。固定長とは違い、データ数は可変で、カンマ区切りごとに自由に定義することができる。

　データ例：1,1,10500000

データ例：10,111,24352,222

❷ スタックとキュー

プログラムやデータを格納する方法には、「スタック」と「キュー」の2パターンがある。

スタックとは、最後に入力したデータが先に出力されるという特徴を持つデータ構造の一種である。書籍を積み上げていく構造で、データを入れるときは新しいデータが最も上に追加され、データを出すときは一番上にある新しいデータが優先して取り出される。このようなデータの入出力方法を「LIFO（Last In, First Out）」と呼ぶ。

一方、キューとは、最初に入力したデータが先に出力されるという特徴を持つデータ構造の一種である。たとえば、窓口を待つ行列のような構造で、データを入れるときは新しいデータが最後尾につき、データを出すときは一番古いデータが優先して取り出される。このようなデータの入出力方法を「FIFO（First In, First Out）」と呼ぶ。

【 スタックとキュー 】

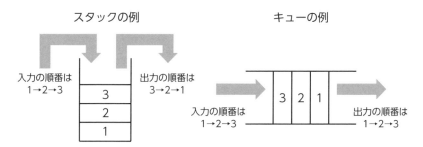

追加 ポイント

データ型とはプログラムなどにおいてデータを扱う形式のことで、整数型は整数の、実数型は実数の、文字列型は文字データの処理等を行うことができる。

過去問 過去5年間での出題はない。

論点12 バッチ処置とリアルタイム制御処理

ポイント

コンピュータでデータ処理をする形式は大きく分けて2つある。「バッチ処理」と「リアルタイム制御処理」である。

1 バッチ処理

　バッチ処理とは、一連の流れのプログラムを順次実行する方式である。予め定めた処理を一度に行うため、一括処理とも呼ぶ。大量のデータを定期的に一括して処理する必要がある場合に適した処理で、帳票出力処理や計算処理などに用いられる。

　バッチ処理には以下のような利点がある。なお、下記のリソースとは、コンピュータを動作させるために必要なCPUの処理能力、メモリやハードディスクなどの容量のことである。

- 多くのユーザがコンピュータのリソースを共有できる
- 処理をコンピュータのリソースが忙しくない時間帯（通常は夜間や休日）にシフトできる
- 人間がそばにいなくてもコンピュータリソースが暇にならないようリソースを最大限有効活用できる

【 バッチ処理 】

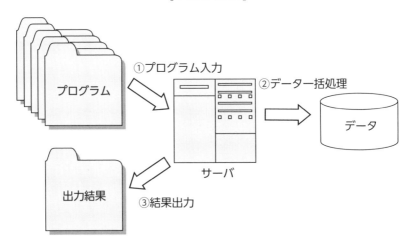

❷ リアルタイム制御処理

　リアルタイム制御処理は、処理の要求がなされる度に、その処理を直ちに実行する方式である。即時処理とも呼ぶ。バッチ処理とは異なり、コンピュータリソースの有効活用ではなく、処理結果の応答時間を重視する場合に求められる処理である。

　リアルタイム制御処理では、求められる応答時間を満たすために、適切なハードウェアを用意する必要がある。したがって、一般的にバッチ処理のシステムと比較してリアルタイム制御処理のシステムの構築費用は高くなる傾向がある。

【 リアルタイム制御処理 】

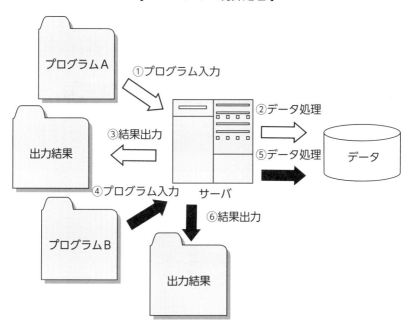

3 バッチ処理とリアルタイム処理の評価指標

　バッチ処理の性能を評価する指標としてターン・アラウンドタイムが用いられる。一方、リアルタイム制御処理の性能を評価する指標として、レスポンスタイムが用いられる。

【 評価指標 】

名称	特徴
ターン・アラウンドタイム	ユーザが処理を依頼して結果を受け取るまでの時間である。
レスポンスタイム	ユーザがコンピュータに処理を指示したタイミングから最初の応答が返ってくるまでの時間である。

【 ターン・アラウンドタイムとレスポンスタイム 】

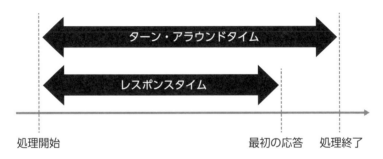

4 バッチ処理とリアルタイム制御処理の役割

　大量のデータを処理するバッチ処理と要求した処理の結果が即座に返ってくるリアルタイム制御処理は、コンピュータの世界において、いずれも必要とされる処理である。

　たとえば、月1回しか実施しない処理や、1つの処理に時間がかかり昼間に実施すると他のシステムに影響が出るためにシステムが比較的利用されていない深夜帯に実施する必要がある処理、大量のデータに対する演算処理のため出力までに非常に時間がかかる処理などは、リアルタイム制御処理にはそぐわないため、バッチ処理を利用する。このように処理要求の内容によってバッチ処理、リアルタイム制御処理を使い分ける必要がある。

【 バッチ処理が用いられる例 】

バッチ処理が用いられる例

大量のデータの一括処理

売上データ集計処理

受注データ集計処理

時間がかかる処理

大量データのバックアップ

追加 ポイント

・バッチ処理とリアルタイム制御処理は、いずれもコンピュータの性能が上がった現在でも利用される処理であり、それぞれ求められる処理に応じて使い分けられている。
・ネットワーク経由で、あるコンピュータを利用して行う処理をオンライン処理という。

令和元年度 第6問 データ処理

論点13 集中処理と分散処理

ポイント

コンピュータでデータを処理する際に、どのコンピュータで処理するかという視点で分けることができる。その場合、「集中処理」と「分散処理」に分けられる。

1 集中処理

集中処理とは、特定のコンピュータ（ホストマシン）でのみデータを処理する方式のことである。ホストマシンは、データ処理した結果のみを利用者に返す。通常、メインフレームと呼ばれる大型の汎用マシンでデータ処理が行われる。

利用者側には入力装置と出力装置があればよく、ホストマシンと利用者のコンピュータとの回線の負荷も小さくて済む。すべての処理を1ヵ所で実施するため資源の使用効率が高く運用効率もよい。一方で、ハードウェアやホストマシンを設置するデータセンターの維持費用が高く、拡張性や柔軟性に欠ける面がある。また、ホストマシンに障害が発生した場合に、すべてのサービスが停止する可能性があり、設備の二重化やリカバリー体制の確立など十分な対策が必要である。

【 集中処理 】

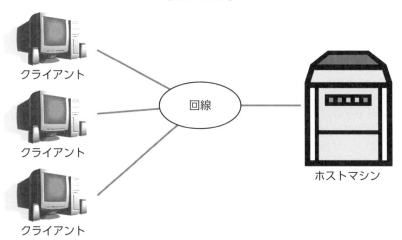

クライアント

クライアント

クライアント

回線

ホストマシン

❷ 分散処理

　分散処理とは、複数のコンピュータでデータを処理する方式のことである。処理ごとの役割に応じたコンピュータを用意し、協調して1つの仕事を処理するため、役割ごとの処理に応じた性能のコンピュータを導入すればよく、柔軟な設計が可能である。また、変更や拡張性に優れている。障害発生時には、影響範囲を限定することができ、代替機の導入も比較的容易である。一方で、複数のシステムが稼働するため、分散した処理結果を結合するための処理（オーバヘッド）が増加したり、運用管理が複雑になりがちである。

【 分散処理 】

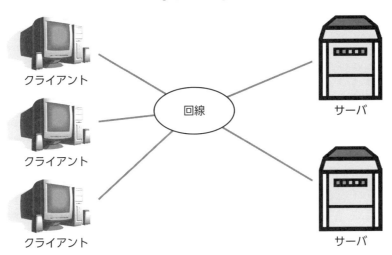

追加 ポイント

- 分散処理には「水平分散処理」と「垂直分散処理」の2つの考え方がある。
- 水平分散処理とは、複数のコンピュータ同士が上下関係を持たず同じレベルで処理を行う方法である
- 垂直分散処理とは、階層ごとに処理を分ける方法である。

過去問　令和元年度　第7問　システム構成

B 論点14　クライアント・サーバシステム

ポイント

クライアント・サーバシステムは、分散処理の1つで、リソースを集中管理するコンピュータ（サーバ）と、サーバが管理するリソースを利用するコンピュータ（クライアント）が接続されたコンピュータネットワークのことである。

1 クライアント・サーバシステム

　クライアント・サーバシステムは、現在のシステム構成において最も主流となっている構成である。サービスを提供する側（サーバ）と利用する側（クライアント）を分けることで、従来のメインフレームしかなかった時代と比較して、導入コストの低下や、システム変更の柔軟性が高まるといったメリットを得ることができるようになった。一方で、複数のサーバ・クライアントの運用が必要になるため、運用に関する手間が多くなるデメリットも存在する。

【 クライアント・サーバシステムの例 】

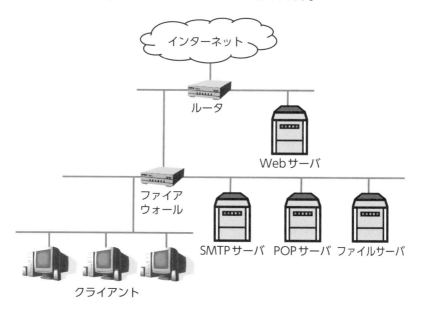

☑ 主なサーバの種類

サーバは、提供するサービスごとに役割が分けられている。

【 サーバの種類 】

サーバ名	特徴
データベースサーバ	データを管理するサーバである。DBMS (Data Base Management System) と呼ばれるデータベース管理システムが動作している。OSSとしてMySQL、PostgreSQLなどが有名。
Webサーバ	ブラウザからアクセスされた際にホームページなどの情報を返すサーバである。OSSとしてApache HTTP Server、ngixなどが有名。
DNSサーバ	ドメイン名とIPアドレスとを紐づけるサーバである。ネットワーク上の住所録を持つ。
DHCPサーバ	ネットワークに接続されるコンピュータに自動でIPアドレスを割り振るサーバである。
SMTPサーバ	メールの配送を行うサーバである。OSSとしてSendmail、Postfixなどが有名。
POPサーバ	送られてきたメールを保管するサーバである。メールの管理はクライアントで行う必要がある。
IMAPサーバ	送られてきたメールを保管するサーバである。メールの管理はサーバ上で行われる。
ファイルサーバ	ユーザが利用するファイルを保管するサーバである。社内でファイルを共有する際に利用する。NAS (Network Attached Storage) は、ネットワークに直接接続して使用するファイルサーバ専用機である。OSSとしてSambaなどが有名。

- クライアント・サーバ方式における機能は、3階層に分けられる。
- 具体的には、「プレゼンテーション層（ユーザインタフェース層／UI層）」「アプリケーション層（ビジネス・ロジック層／ファンクション層）」「データ層（データベースアクセス層）」である。
- 3階層に分けられたクライアント・サーバ方式を3層クライアント・サーバシステムという。

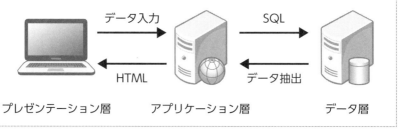

データ入力　　　　　　　SQL

HTML　　　　　　データ抽出

プレゼンテーション層　　　アプリケーション層　　　データ層

過去問　令和5年度　第6問　サーバの負荷分散
令和2年度　第4問　3層クライアント・サーバシステム

中小企業診断協会が公表している令和6年度の「経営情報システム」の科目設置の目的と内容は、以下のとおりです(令和5年9月11日に変更を発表)。

科目設置の目的

情報通信技術の発展、普及により、経営のあらゆる場面において情報システムの活用が重要となっており、情報通信技術に関する知識を身につける必要がある。また、情報システムを経営戦略・企業革新と結びつけ、経営資源として効果的に活用できるよう適切な助言を行うとともに、必要に応じて、情報システムに関する専門家に橋渡しを行うことが想定される。このため、経営情報システム全般について、以下の内容を中心に基礎的な知識を判定する。

内 容

1. 情報通信技術に関する基礎的知識

(1) 情報処理の基礎技術

ハードウェア(構成要素(プロセッサ、メモリ、入出力デバイス、入出力インタフェース等)、機能と処理(各種ハードウェアの機能、処理内容等))、ソフトウェア(構成要素(オペレーティングシステム、ファイルシステム、ミドルウェア、アプリケーションプログラム、ソフトウェアパッケージ等)、機能と処理(各種ソフトウェアの機能、処理内容等))、プログラム設計(アルゴリズム、データ構造、プログラミング技法)、ソフトウェア開発(プロセス中心アプローチ、データ中心アプローチ、オブジェクト指向)、その他

(2) 情報処理システムと関連技術

システム構成(クライアントサーバシステム、Webシステム、仮想化等)、情報処理の形態(集中/分散/並列処理、リアルタイム/バッチ処理等)、ヒューマンインタフェース(インタフェース技術、Webデザイン、マルチメディア等)、外部情報資源の活用(クラウドサービス、オープンソフトウェア、ソーシャルソフトウェア等)、その他

(3) データベース

データベースの種類と構成、データベース管理システム、データベース関連技術、その他

(4) 通信ネットワーク

通信ネットワークの種類と構成、通信プロトコル、ネットワーク関連技術、その他

(以下、p.137につづく)

B 論点15　Webコンピューティング①-アウトソーシング

ポイント

情報システムの開発・運用・保守のコストを削減し、自社のシステム部門をスリム化するためにアウトソーシングを用いる。代表的なアウトソーシングの方法として、ハウジング、ホスティング、ASPが存在する。

1 アウトソーシング

　アウトソーシングとは、企業が業務の一部を別の企業などに委託することである。情報システムにおけるアウトソーシングは、情報システムの開発・運用・保守をアウトソーシングすることで、コストの削減やシステム部門のスリム化等を目的に行われる。具体的に、情報システムにおけるアウトソーシングは、提供サービスの違いにより、ハウジング、ホスティング、ASPに分けられる。

【 情報システムのアウトソーシング 】

名称	特徴
ハウジング/コロケーション	コンピュータを設置する場所を提供するサービスである。具体的には、ユーザが保有するハードウェアやソフトウェアをデータセンターで預かり、高速な回線や耐震設備、安定した電源設備などを自前ですべて揃えるよりも安価に提供する。データセンターで専用ラックを提供する場合はハウジング、専用スペースを提供する場合はコロケーションと呼び区別される。一般的に規模が小さい事業者はハウジングを利用し、規模が大きい事業者はコロケーションを利用する。
ホスティング	自社施設に設置しインターネットに接続されたコンピュータの機能を、インターネットを通じて顧客に利用させるサービスである。ハウジングとの違いは、場所だけでなくハードウェアも事業者が提供する部分である。システムの運用・保守作業も事業者が行うため、ユーザは専任の技術者を保有する必要もなくなる。
ASP	Application Service Providerの略。ビジネス用のアプリケーションソフトを、インターネットを通じて顧客に提供する事業者のことである。複数のユーザに同一のアプリケーションを共同利用させることで、低価格でサービスを提供している。

【 アウトソーシング活用のイメージ 】

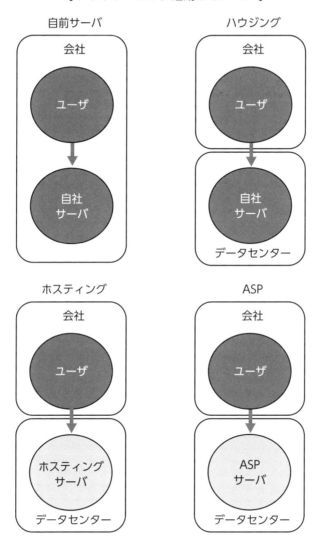

② ハウジング、ホスティング、ASPの提供サービスの違い

　ハウジング、ホスティング、ASPは、事業者により提供されるものと自前で用意しなければならないものの違いにより分類される。利用する際は、何をサービスで利用し、何を自前で用意するのか、自社のリソース状況に応じて検討する必要がある。

【 ハウジング、ホスティング、ASPの違い 】

提供サービス	ハウジング	ホスティング	ASP
電源やコンピュータの設置スペース、インターネット回線	提供する	提供する	提供する
ハードウェア	自前	提供する	提供する
ハードウェアの運用管理	自前	提供する	提供する
メールやグループウェア等の基本的なソフトウェア	自前	提供する	提供する
会計や人事など業務用アプリケーション	自前	自前	提供する
アプリケーションのバージョンアップ	自前	自前	提供する

※提供する：サービス事業者が提供するサービス
※自前：ユーザが自前で用意しなければならないもの

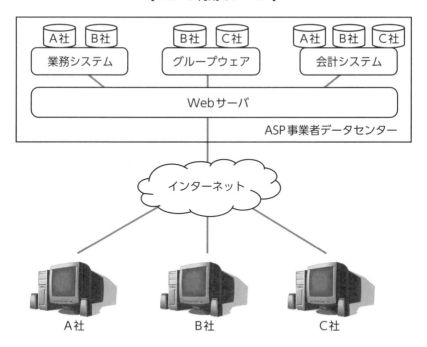

【 ASPの利用イメージ 】

追加 ポイント

ASPを利用するメリットは、初期投資費用の低減、運用管理費用の低減、システム導入期間の短縮、システムの試験的導入が可能といった点である。

過去問

令和4年度 第22問 アウトソーシング
令和元年度 第22問 ネットワークサービス

B 論点16　Webコンピューティング②-クラウドコンピューティング

ポイント

コンピュータのアウトソーシングの形態として、クラウドコンピューティングを利用したサービスが主流になりつつある。クラウドコンピューティングとは、ブラウザなどを通じて、インターネット経由でネットワーク上に存在するサーバで提供されているサービスを利用する処理形態である。

1 クラウドコンピューティング

従来までは自社で用意したサーバにソフトウェア等をインストールして利用するオンプレミス型サーバで運用を行ってきた。近年、仮想化技術の発達とネットワークコストの低価格化が進んだことにより、インターネット上のサーバを利用してソフトウェアを利用するクラウド型サーバでの運用が増加している。

IT業界では、システム構成図でネットワークの向こう側を雲（cloud：クラウド）のマークで表す慣習があることから、クラウドと呼ばれている。

2 クラウドコンピューティングの分類

クラウドコンピューティングには、サービスを利用する対象によりプライベートクラウドとパブリッククラウドの2種類に分けられる。

【 クラウドコンピューティングのサービス利用者による違い 】

名称	特徴
プライベートクラウド	企業などが自社内で利用するために構築したクラウドコンピューティングのことである。社員や取引先など、内部の限定された利用者に向けて、専用線などを通じて自社のネットワークとしてサービスを利用する。
パブリッククラウド	広く一般の利用者に提供するクラウドコンピューティングのことである。インターネットに接続できる環境があれば、いつでもどこからでも利用できるため、現在では多くの利用者がパブリッククラウドで提供されているサービスを利用している。

【 プライベートクラウド 】

契約企業

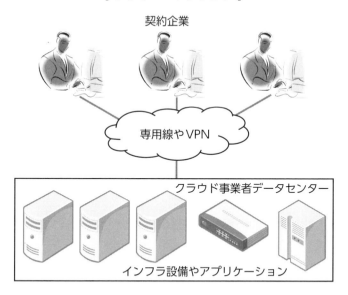

専用線やVPN

クラウド事業者データセンター

インフラ設備やアプリケーション

【 パブリッククラウド 】

利用者

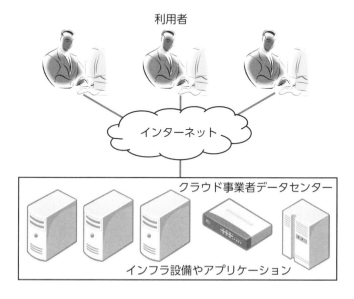

インターネット

クラウド事業者データセンター

インフラ設備やアプリケーション

🔢 クラウドコンピューティングの提供サービス

クラウドコンピューティングは、提供するサービスの違いによりSaaS、PaaS、IaaS (HaaS) の3種類に分けられる。利用者は、自社が自前では持つことができない設備をサービスにより利用することができる。

【 クラウドコンピューティングの提供するサービスによる違い 】

名称	特徴
SaaS	Software as a Service サービスを提供する事業者のコンピュータで稼働するソフトウェアを、ユーザがインターネットなどのネットワークを通じて利用するサービスである。 ユーザは、必要な機能のみを必要な時に利用でき、利用実績に応じて課金される。
PaaS	Platform as a Service アプリケーションソフトウェアを稼働させるためのハードウェアやOS、ミドルウェアなどの基盤 (プラットフォーム) を、インターネットなどのネットワークを通じて提供するサービスである。 ユーザは、プラットフォーム環境を自社で用意することなく、必要な時に必要なだけ利用し、利用実績に応じて課金される。 また、ハードウェアのメンテナンスなど運用業務も任せることができる。
IaaS (HaaS)	Infrastructure as a Service (Hardware as a Service) ハードウェアやネットワークなど情報システムの稼働に必要な基盤 (インフラ) を、インターネットなどのネットワークを通じて提供するサービスである。

【 クラウドコンピューティングのサービス提供方法 】

・SaaS：ソフトウェアを提供 (対象者：エンドユーザ)
・PaaS：アプリケーション実行環境を提供 (対象者：開発者)
・IaaS(HaaS)：ハードウェアやインフラを提供 (対象者：システム管理者)

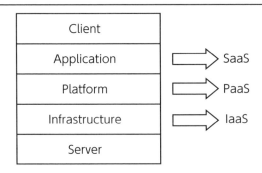

4 エッジコンピューティング

エッジコンピューティングは、端末自身あるいは端末に近い場所にあるサーバが情報の集約や処理などを行う方式。遠隔地のサーバで集中的に処理を行うクラウドコンピューティングと対比される。

AIやIoTの活用によりデータ転送量の増加やリアルタイム処理の困難性から、重要性が増してきている。

【 クラウドコンピューティングにおける課題とエッジコンピューティング 】

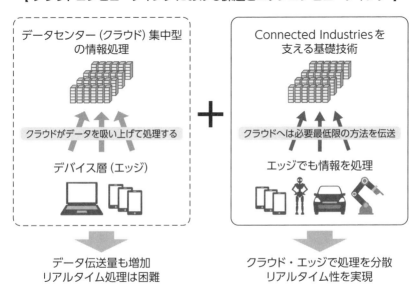

出所：経済産業省「Connected Industries の実現に向けた課題と政策」令和元年10月

追加 ポイント

クラウドコンピューティングのポイントは、「仮想化技術」の利用と「インターネット経由」でのサービス提供である。クラウド型サービスにおいて、近年サブスクリプション方式が増加している。商品ごとに購入金額を支払うのではなく一定期間の利用権として料金を支払う方式であることを押さえておきたい。

過去問
令和3年度　第7問　クラウドコンピューティング
令和2年度　第22問　課金方式
令和元年度　第23問　クラウドサービス

B 論点17 Webコンピューティング③-仮想化技術

ポイント

> クラウドコンピューティングのポイントは、「仮想化技術」の利用と「インターネット経由」でのサービス提供である。

1 仮想化技術

　サーバなどのハードウェア内のリソース（メモリ、ＣＰＵ、ディスク容量）を、物理的な構成にとらわれることなく、論理的に統合・分割する技術のことである。サーバ仮想化・ストレージ仮想化・デスクトップ仮想化・ネットワーク仮想化などさまざまな種類があり、クラウドコンピューティングを支える技術となっている。

2 サーバの仮想化

　仮想化技術を用いてサーバを効率的に使うことで、物理的なサーバ台数を削減することが可能になる。省エネの観点からも注目されている。

　また従来のサーバ環境をカプセル化することで、スケールアウト（稼働する仮想サーバの台数を増やす機能）やスケールイン（台数を減らす機能）を手軽に行うことができるメリットなどもある。

【 サーバ仮想化のイメージ 】

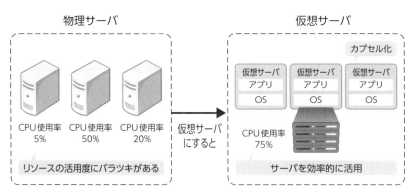

❸ シンクライアント

　サーバ側にアプリケーションソフトウェアやデータなどの資源管理を集中させ、クライアント側のコンピュータには最低限の機能しか持たせないシステム構造のことである。運用管理の容易さやセキュリティ面ですぐれている。

　データの処理・保存能力を一切持たず、表示・通信・入力の機能のみを持ったものをゼロクライアントと呼ぶこともある。

【シンクライアントのイメージ】

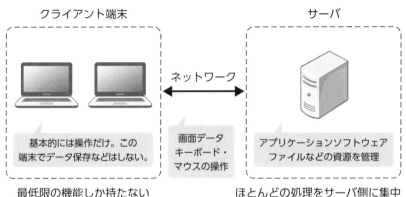

クライアント端末　　　　　　　　　　　　　　　　サーバ

ネットワーク

基本的には操作だけ。この端末でデータ保存などはしない。

画面データ
キーボード・
マウスの操作

アプリケーションソフトウェア
ファイルなどの資源を管理

最低限の機能しか持たない　　　　　　　ほとんどの処理をサーバ側に集中

追加 ポイント

専用回線を仮想的に構築するＶＰＮなども仮想化技術の１つである。コンピュータの世界では、さまざまなところで物理的な構成にとらわれない仮想化技術が用いられている。

過去問
令和４年度　第12問　コンピュータシステムの処理能力
令和３年度　第3問　コンテナ技術
令和２年度　第13問　仮想化技術

B 論点18 Webコンピューティング④-Webサイト

インターネット上で公開されるウェブサイトは、さまざまな技術を利用して開発される。

1 ウェブサイト

複数のウェブページの集まりのことであり、サイトやホームページと呼ばれることもある。

【 ウェブサイトでよく使われる言語や技術 】

名称	特徴
HTML （エイチティエムエル）	HyperText Markup Language ウェブ上の文書を記述するためのマークアップ言語である。ホームページの作成に利用されている。W3Cによって標準化されている。
DHTML	HTMLの拡張仕様である。マークアップ言語であるHTMLとJavaスクリプトやCSSを組み合わせることで動的な表現を可能にし、対話性をもったWebページを作成することができる。
XHTML	HTMLをXMLに適合するように定義し直したマークアップ言語である。W3C（World Wide Webで使用される各種技術の標準化団体）により勧告されている規格である。
HTML5	大幅に改定されたHTMLの第5版で、最新規格のHTMLである。W3C（World Wide Webで使用される各種技術の標準化団体）により勧告されている規格である。スマートフォン向けブラウザに対応したホームページに使われることが多い。
CSS （シーエスエス）	Cascading Style Sheets Webページに記述された文書・データの表示位置の指示や表の定義、および、文字修飾指示等の表示方法に関する事項を記述するものである。
PHP （ピーエイチピー）	動的にHTMLデータを生成することにより、動的なウェブページを実現するスクリプト言語である。リレーショナルデータベース（RDBMS）を操作する命令（SQL）が組み込まれており、Webアプリケーション開発に専門化している。

CGI (シージーアイ)	Webブラウザからの要求に対してWebサーバがプログラムを起動する仕組みのことである。CGI の開発には、PerlやPHPといったプログラミング言語がよく使われる。

【Webページ (イメージ)】

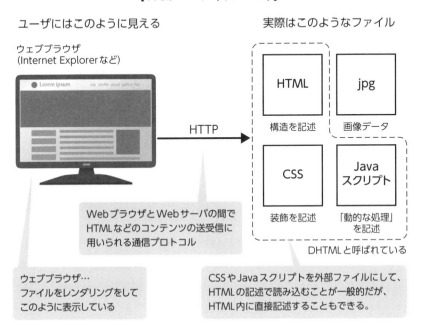

ユーザにはこのように見える

ウェブブラウザ
(Internet Explorerなど)

HTTP

実際はこのようなファイル

HTML　構造を記述
jpg　画像データ
CSS　装飾を記述
Javaスクリプト　「動的な処理」を記述

DHTMLと呼ばれている

WebブラウザとWebサーバの間でHTMLなどのコンテンツの送受信に用いられる通信プロトコル

ウェブブラウザ…
ファイルをレンダリングをして
このように表示している

CSSやJavaスクリプトを外部ファイルにして、HTMLの記述で読み込むことが一般的だが、HTML内に直接記述することもできる。

❷ 検索技術

　インターネット上の検索サイトではクローラー (Crawler) と呼ばれるロボット型検索エンジンによりWeb上のファイル(テキストファイル、CSSファイル、JavaScriptファイル、画像、Flash、PDFなど)が収集されている。クローラーによって収集されたデータはインデックス化され、巨大な検索データベースが作成され、ユーザはそれを検索時に利用する仕組みである。

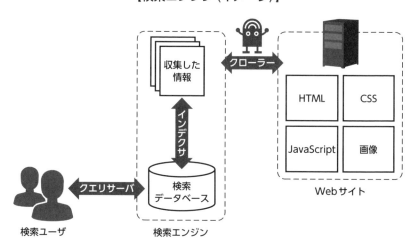

【検索エンジン（イメージ）】

❸ SEO

SEO（Search Engine Optimization）は、検索エンジン最適化と訳され、検索エンジンが検索結果のページの表示順の上位に自らのWebサイトが表示されるように行う対策のことである。検索結果の上位に表示されるには、検索エンジンにおけるランク付けのアルゴリズムがあり、検索エンジンはそこで上位に表示されるためのガイドラインを設定しているところもある。

【 SEO対策に関する知識 】

名称	特徴
SEM	Search Engine Marketing 検索エンジンから自社Webサイトやランディングページへの訪問者を増やすマーケティング手法のこと。SEO＋キーワード連動型広告やリスティング広告と考えればよい。
SERP	Search Engine Result Page 検索エンジン（サーチエンジン）の検索結果を表示するページのこと。
ホワイトハット対策	ユーザの役に立つ有益なコンテンツを提供することでSEO対策を行う手法のこと。検索エンジンの趣旨に合致する手法であり、善意に基づいたSEO対策という意味で「ホワイト」という名称になっている。
ブラックハット対策	ホワイトハット対策に対して、悪意に基づき検索エンジンのアルゴリズムの抜け穴を利用して行うSEO対策のこと。

❹ Web広告

SEO以外の集客施策方法として、Webを活用した広告手法が増加している。

【 広告手法 】

名称	特徴
リスティング広告	SEOと同様に、検索結果に表示される広告手法。キーワード単位でオークション形式の入札が行われ、掲載順位が決定する。
アフィリエイト広告	広告主が設定した成果ポイント（お問い合わせ、購入、申し込み、資料請求、等）が達成された際に、広告掲載側に手数料を支払う広告手法。成果報酬型が多く、広告主側としては成果が発生しなければ費用を払う必要がない。
アドネットワーク広告	複数のWebサイトの広告枠をまとめた広告配信ネットワークに、まとめて広告を配信する広告手法。簡単に大量の広告媒体に広告出稿することができるが出稿先を選ぶことはできない。
リターゲティング広告	Cookieを活用し、過去Webサイトにアクセスしたユーザー向けに広告を出す広告手法。

追加 ポイント

SGMLは文書の構造やデータの意味などを記述するマークアップ言語であるが、範囲が幅広く扱いにくいために機能を限定したHTMLなどの「Web用」マークアップ言語が開発された。
フィルターバブルというインターネットで、利用者が好ましいと思う情報ばかりが選択的に提示されてしまう現象が注目されている。サーチエンジンなどの学習機能によって、利用者の望む情報が優先され、望まない情報から遠ざけられることにより、自身の作り出したフィルターで泡（バブル）のように包まれて、思想的に社会から孤立する状況を表すものである。

過去問
令和3年度　第23問　顧客生涯価値
令和2年度　第5問　Cookie
令和2年度　第14問　Webマーケティング

論点19 Webコンピューティング⑤-Webアプリケーション

> Webアプリケーションとは、インターネットを通じて提供されるアプリケーションであり、さまざまなプログラミング言語や技術で実現される。

1 Webアプリケーションを支える技術

Webアプリケーションは、さまざまな技術を利用して開発される。

【 Webアプリケーションを支える技術 (Webサイト系) 】

名称	特徴
JavaScript (Javaスクリプト)	オブジェクト指向のスクリプト言語の1つである。Webブラウザなどでの利用に適した簡易プログラミング言語で、Webページに、動きや対話性を付加するためによく用いられる。Javaと名前が似ているが、異なるプログラミング言語である。
jQuery (ジェークエリー)	オープンソースのJavaScriptライブラリの1つである。Webブラウザ用のJavaScriptコードをより容易に記述できる。
XML (エックスエムエル)	タグ (「<」と「>」で囲まれたもの) を用いて文章の構造や意味を記述するためのマークアップ言語の1つである。ユーザが独自にタグを定義できることが最大の特徴である。インターネットを介したデータ交換用言語としての活用が広く進んでいる。
RSS	Webサイトの見出しや要約などをXMLに準拠したフォーマットである。主にサイトの更新情報を公開するのに使われており、ユーザはRSSリーダを使うことで最近の記事を集めることができる。
XBRL	各種財務報告用の情報を標準化したXMLベースの言語である。
UDDI	XMLを応用したインターネット上の検索する仕組みである。

【 Webアプリケーションを支える技術 (通信系) 】

名称	特徴
API (エーピーアイ)	あるコンピュータプログラム (ソフトウェア) の機能や管理するデータなどを、外部の他のプログラムから呼び出して利用するための手順やデータ形式などを定めた規約のことである。 開発者は公開されているAPIに従って機能を呼び出す短いプログラムを記述するだけで、その機能を利用することができる。

SOAP (ソープ)	XMLやHTTPをベースとした、複数のコンピュータ間でデータを呼び出すための通信規約である。ebXMLと呼ばれる企業間取引の世界標準仕様を定義する技術仕様となっている。
SSI	Server Side Includes HTMLの中にWebサーバ側で実行するコマンドを埋め込んでおき、その実行結果をクライアントサーバに返す仕組みである。
Ajax (エイジャックス)	Webブラウザに実装されているJavaScriptのHTTP通信機能を使ってサーバと非同期通信を行うことにより、Webページのリロードを伴わずにデータのやり取りを行い処理を進めていくWebアプリケーションの実装形態である。サーバとXML形式のデータで通信する。代表例として、Googleマップがある。

【 Webアプリケーションを支える技術（言語）】

名称	特徴
Java (ジャバ)	サン・マイクロシステムズ社が開発したオブジェクト指向型のプログラミング言語である。Webアプリケーション用の開発言語でよく利用される。OSやハードウェアの機種に依存せず動作する。電子商取引サイトやwebサービスなどのシステム構築に用いられる。
Javaサーブレット	Webサーバ上で実行されるモジュール（部品）化されたJavaプログラム。インターネットやイントラネット環境などにおいて、特定のハードウェアやOSに依存することなく動作する。
Perl (パール)	CGI開発によく利用されるインタプリタ言語。テキストの検索や抽出、レポート作成に向いた言語である。
Ruby (ルビー)	日本人によって開発されたオブジェクト指向のプログラミング言語。コードの可読性に配慮したシンプルな構文や文法を採用しており、手軽にプログラミングを始められるとされる。
PHP (ピーエイチピー)	動的にHTMLデータを生成することにより、動的なウェブページを実現するスクリプト言語である。リレーショナルデータベース（RDBMS）を操作する命令（SQL）が組み込まれており、Webアプリケーション開発に専門化している。

【Javaスクリプトと Java の違い】

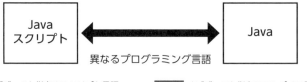

	オブジェクト指向のスクリプト言語
言語	→「動的な処理」を記述する

	フロントエンドで使われる
用途	→ユーザから見える部分

jQuery とは…
軽量な Java スクリプトライブラリ

	オブジェクト指向のコンパイラ言語
言語	→アプリケーション用の開発言語

	サーバサイドで使われる
用途	→アプリケーションを動かす中身の部分

Java サーブレットとは…
Web サーバ上で実行されるモジュール化
（部品化）された Java プログラム

❷ CMS（コンテンツ・マネジメント・システム）

　デジタルコンテンツを構成するテキストや画像、レイアウト情報などを一元的に保存・管理し、サイトを構築したり編集したりするアプリケーションソフトウェアのことである。

【CMS の構造イメージ】

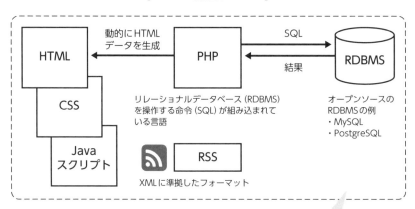

CMS（コンテンツ・マネジメント・システム）とは…
Web コンテンツ（テキスト、画像、レイアウト情報など）を一元的に管理

・新しい発想に基づくWeb関連技術やサービスをWeb2.0という。
・LAMP (ランプ) とは、Webアプリケーションを開発する際に使用する人気の高いオープンソースソフトの組み合わせの総称である。具体的には、Linux、Apache、MySQL、PHP (または、PerlやPython) を表している。
・Wiki (ウィキ) やBlog (ブログ) は、CMS (コンテンツ・マネジメント・システム) を活用したWebサービスである。

過去問　令和元年度　第3問　Webアプリケーション開発

論点20 データベースの構造と種類①－データベースとは

ポイント

データベースとは、コンピュータでデータを管理する際に利用される概念である。一般的に、リレーショナルデータベースが利用されており、リレーショナルデータベースは集合演算と関係演算で操作する。

1 データベース

データベースを構成するデータの単位は、ファイルあるいはテーブル（または、表）と呼ばれる。ファイルは、レコードの集合であり、レコードは個々のデータ項目（フィールドと呼ぶ）の集まりのことである。

【 ファイルの例 】

会員ID	氏名	年齢	性別
000001	山田　太郎	23	男性
000002	田中　花子	32	女性
000003	山本　次郎	30	男性

フィールド　　　　　　　　　　　　　　　　レコード

2 データモデル

データベースを考える際に、実際のデータをデータベース上に格納し操作するためにデータのモデル化を行う必要がある。データモデルは、3パターン存在する。

【 データモデル 】

名称	特徴
階層モデル	レコードの関係を親子関係で表すモデルである。親レコード1に対して、子レコードがn個（複数個）の関係となる。
ネットワークモデル	レコードの関係を親子関係で表すモデルである。ただし、親レコードn個（複数個）に対して、子レコードがn個（複数個）の関係となる。

リレーショナルモデル	データ間の関係 (リレーショナル) によってデータ構造を定義するモデルである。行と列の形式で表現する。 一般的に利用されているデータベースソフトは、リレーショナルモデルを利用している。

3 リレーショナルデータベース

リレーショナルデータベースは、リレーショナルモデルをもとに作られたデータベースである。データベースの操作は集合演算と関係演算にて実施する。

【 集合演算 】

名称	特徴
和集合 A∪Bと表現する	表Aまたは表Bいずれか、あるいは両方に含まれている行を出力する。
差集合 A−Bと表現する	表Aから表Bに含まれている行を取り除いた結果を出力する。
積集合 A∩Bと表現する	表Aと表B、いずれにも含まれている行を出力する。

【 関係演算 】

名称	特徴
射影	対象の表から特定の「列」のみを出力する。
選択	対象の表から特定の「行」のみを出力する。
結合	複数の表を結び付けて、新しい表を出力する。

追加 ポイント

- ・スキーマとは、データベース上のデータ内容、データ構造を示すものである。
- ・データベース設計の考え方として3層スキーマ (外部スキーマ、概念スキーマ、内部スキーマ) がある。
- ・外部スキーマは、アプリケーションからのデータの入力や出力の方法を定義し、概念スキーマはデータ全体の論理的な構造を定義し、内部スキーマは記憶装置やファイル上のデータ配置や格納方法について定義する。

 過去問　令和元年度　第9問　データベース

B 論点21 データベースの構造と種類②－データベースの正規化

ポイント

> リレーショナルデータベースで作られるテーブルは、冗長性や重複を排除する必要がある。テーブルから冗長性や重複を排除する方法を、「正規化」という。

1 データベースの正規化

　データベースの正規化とは、データのメンテナンス性を高めるなどの目的から、データの冗長性や重複を排除し、主キーから直接連想されるデータのみで構成するようにデータベースを構築することである。正規化の程度により、第1正規化から第5正規化までに分けられる。(試験対策上は、第3正規化まで知っておく必要がある。)

　主キーとは、リレーショナルデータベースであるレコードを特定する際に、その項目が定まれば、対象のレコードが一意に特定できる項目のことである。

2 正規化の流れ

　正規化は、第1正規化、第2正規化、第3正規化と3段階に分けて実施する。それぞれの正規化により作成される表を、第1正規形、第2正規形、第3正規形と呼ぶ。

【 正規化の方法 】

名称	表の名前	特徴
正規化前	非正規形	正規化実施前の表。繰返し項目が含まれている。
第1正規化	第1正規形	1行に複数の値が入っている項目(繰返し項目)を見つけ、繰返し項目を独立した行とする。
第2正規化	第2正規形	第1正規形の表の中で、主キーを特定し、主キーに紐づく項目を別の表とする。
第3正規化	第3正規形	第2正規形の表の中で、主キーではない項目の中で新たに主キーとなる項目がないかを探し、新たに主キーとなりうる項目に紐づく項目を別の表とする。

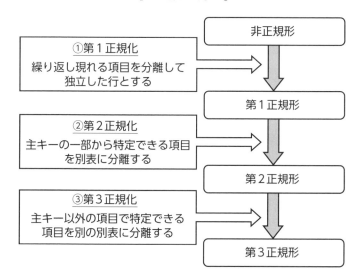

【 正規化の流れ 】

非正規形

①第1正規化
繰り返し現れる項目を分離して
独立した行とする

第1正規形

②第2正規化
主キーの一部から特定できる項目
を別表に分離する

第2正規形

③第3正規化
主キー以外の項目で特定できる
項目を別の別表に分離する

第3正規形

・正規化を実施しすぎると、表の種類が増加し、結合演算が多発することで、アクセス効率が低下する場合がある。
・外部キーとは、他の表の主キーとなる項目のことである。

過去問

令和5年度 第2問 正規表現
令和5年度 第8問 データベースの正規化
令和2年度 第6問 リレーショナルデータベース（正規化）

B 論点22 データベースの構造と種類③−データベース言語

ポイント

> SQLは、リレーショナルデータベースの作成や操作をするための標準的な言語である。リレーショナルデータベースを操作するための代表的なSQLの関数として、SELECT文が用意されている。

1 データベース言語

　データベース言語とは、データベースやテーブルの作成・削除、レコードの挿入・削除・更新・検索を行うためのプログラミング言語のことである。データベース言語には、データ定義言語とデータ操作言語の2種類に分類できる。

【 データベース言語 】

名称	特徴
データ定義言語	DDL：Data Definition Language データベースの構造や容量、テーブル全体の作成・変更・削除などを行う際に使用する。
データ操作言語	DML：Data Manipulation Language テーブル内のレコードの挿入・削除・更新・検索などを行う際に使用する。

2 代表的なSQL

　リレーショナルデータベースには、SQL（Structured Query Language）というデータベース言語が用意されている。SQLでは、関数を利用してデータにアクセスする。

【 データベース言語 】

名称	代表的な関数
SQLのDDL	CREATE（生成）、ALTER（変更）、DROP（削除）など
SQLのDML	SELECT（参照）、UPDATE（更新）、INSERT（挿入）、DELETE（削除）など

❸ SELECT文

リレーショナルデータベースにおいてテーブル内のレコードに対して、条件にマッチするデータを検索し、新しい表を作るためにSELECT文を利用する。SELECT文の基本構文は以下のとおりである。

```
SELECT 〈列名〉 FROM 〈テーブル名〉 WHERE 〈条件〉
```

表の各行をグループ化する場合は、GROUP BY句を指定することでグループ化する。

```
SELECT 〈列名〉 FROM 〈テーブル名〉 GROUP BY 〈列名〉
```

GROUP BY句によってグループ化したグループに対して条件式を満たすものを抽出する場合は、HAVING句を指定する。

```
SELECT 〈列名〉 FROM 〈テーブル名〉 GROUP BY 〈列名〉 HAVING 〈条件〉
```

出力する表を任意の列の降順または昇順に整列する場合は、ORDER BY句を指定する。

```
SELECT 〈列名〉 FROM 〈テーブル名〉 ORDER BY 〈列名〉[ASC | DESC]
```

昇順とする場合はASC、降順とする場合はDESCを指定する。省略した場合は、ASCが指定された場合と同じとなる。

追加 ポイント

・表に新しいレコードを追加する場合は、INSERT文を利用する。
  `INSERT INTO 〈テーブル名〉 VALUES 〈挿入するデータ〉`
・表の中から条件に一致した行を削除する場合は、DELETE文を利用する。
  `DELETE FROM 〈テーブル名〉 WHERE 〈条件〉`
・表の中から特定の列のデータを更新する場合は、UPDATE文を利用する。
  `UPDATE 〈テーブル名〉 SET 〈列名〉=〈更新内容〉 WHERE 〈条件〉`

過去問
令和5年度 第9問 SQL言語
令和4年度 第5問 SQL言語
令和3年度 第10問 SQL言語

B 論点23 データベースの管理システム（DBMS）

ポイント

データベースを有効に活用するための専用ソフトウェアをDBMSという。
アプリケーションはDBMSを使ってデータベースにアクセスする。

1 DBMS

DBMS（DataBase Management System）は、データベースを管理するための専用ソフトウェアである。DBMSを利用することでアプリケーションは直接データベースにアクセスする必要がなくなる。その結果、アプリケーションはデータベースの種類を問わず開発することが可能となり、生産性の向上、性能の向上、リソースの利用効率の向上が可能となる。

【 DBMSとアプリケーション、データベースとの関係 】

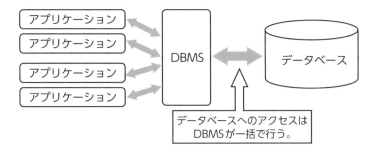

2 DBMSの基本機能

DBMSの基本機能には、管理機能、排他制御機能、障害回復機能、セキュリティ機能などがある。

【 DBMS の基本機能 】

名称	特徴
管理機能	データベースに対するデータアクセスおよびトランザクション管理を行う機能である。
排他制御機能	データベースを複数のユーザで利用できるようにするための機能である。ユーザが、同時にデータにアクセスした場合にデータの不整合が発生しないように制御する。具体的には、同時に同じデータを複数のユーザが更新しないように、データをロックする。
障害回復機能	データベースに対する障害が発生した場合に、障害発生前の状態に復旧するための機能である。具体的な手段として、ロールフォワードとロールバックがある。
セキュリティ機能	必要なユーザが必要なユーザにのみアクセスできるように、データベース上のデータに対するアクセス制御をする機能である。

【 排他制御機能 (上段は排他制御なし、下段は排他制御がありの場合) 】

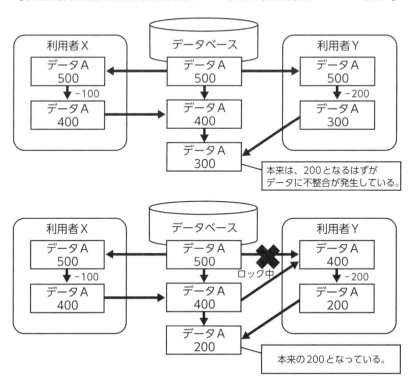

3 デットロック

　排他制御機能により、同時アクセスによる二重更新の問題は解決できる。しかし、新たにデットロックという問題が発生する。デットロックとは、2つのプログラムが互いに相手のロックが解除されることを待つ状態をいう。相手のロックが解除されないため、自身のロックも解除することができず、どちらも処理を開始できない状態となっている。

【 デットロック 】

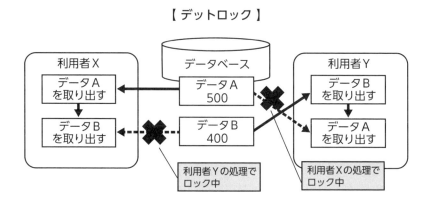

4 ACID特性

　トランザクションとは、データを操作する際に発生する処理を1つの処理単位にまとめたものである。トランザクションが満たすべき4つの特性としてACID特性が定義されている。

【 ACID特性 】

名称	特徴
Atomicity	原子性。トランザクションに含まれる個々の手順が「すべて実行される」か「1つも実行されない」のどちらかの状態になるという性質のこと。
Consistency	一貫性。実行結果が矛盾のない状態であること。
Isolation	独立性。他のトランザクションの実行に影響を受けないこと。
Durability	持続性。実行結果が失われないこと。

5 ロールフォワードとロールバック

　ロールフォワードとは、障害直前のデータを再現するために、バックアップファイルでバックアップ時点の状態に復旧し、ログファイルを用いてバックアップ後の処理を再現しデータを更新する処理である。

【 ロールフォワード 】

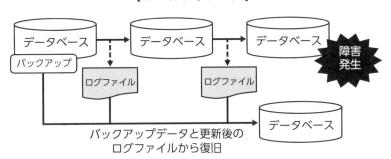

　一方、ロールバックとは、更新前のデータに戻すために、ログファイルの更新前情報を使い障害発生時点の処理を取り消す処理である。

【 ロールバック 】

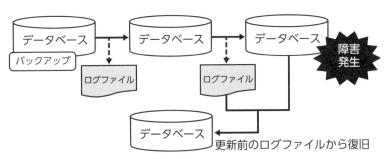

追加 ポイント

> バックアップには、フルバックアップ、増分バックアップ、差分バックアップの3種類がある。フルバックアップは、すべてのデータをバックアップする。増分バックアップは、前回のバックアップからの増分のみバックアップをする。差分バックアップは、フルバックアップとの差分のみをバックアップする。

過去問

令和5年度　第5問　DBMS
令和4年度　第14問　データベース
令和2年度　第7問　ACID特性

論点24 ファイルの概念・ファイルの編成

> ファイルとは、ハードディスクやDVDなどの記憶装置に記録されたデータのまとまりのことである。

1 ファイルの種類

ファイルは、利用主体や利用期間、用途などによって分類することができる。

【 利用主体によるファイルの分類 】

名称	特徴
プログラムファイル	コンピュータが実行可能な形式のファイルである。
データファイル	プログラムで使用するデータを格納するファイルである。

【 利用期間によるファイルの分類 】

名称	特徴
パーマネントファイル	永久ファイルともいう。長期間データの変更が行われないことを前提としたファイルである。
テンポラリファイル	一時ファイルともいう。一時的に作成するファイル。不要になった時点で自動に削除されることが一般的である。

【 用途によるファイルの分類 】

名称	特徴
マスタファイル	基本ファイルともいう。継続的に利用され続けるファイルのことである。更新されるが原則破棄されない。
トランザクションファイル	変動ファイルともいう。逐次発生するデータを記録するファイルのことである。
バックアップファイル	マスタファイルやトランザクションファイルの内容をコピーし、障害時に利用するファイルである。

【 データ形式によるファイルの分類 】

名称	特徴
テキストファイル	文字情報のみが格納されているファイルのことである。人間が読むことができるファイルである。
バイナリファイル	文字情報以外の情報が格納されているファイルのことである。具体的には画像データなどである。

【 データ長によるファイルの分類 】

名称	特徴
固定長ファイル	格納できるデータの長さが予め決まっており、データの区切りがなく、一定のパターンでデータが記述されたテキストファイルである。
可変長ファイル	格納できるデータの長さが一定ではなく、データの区切り、パターンも可変のテキストファイルである。

2 ファイルの編成

　ファイルにデータを格納する方法をファイル編成という。ファイル編成に応じたファイルアクセスの方法を行う必要がある。

【 ファイルのアクセス方法 】

名称	特徴
順次アクセス	ファイルの先頭から1件ずつアクセスする方法。
直接アクセス	アドレス等を指定することで、任意のレコードに直接アクセスする方法。

追加 ポイント

CSVファイルは、データをカンマやタグで区切ったファイルのことである。

過去問　令和5年度　第14問　ファイルのサイズ

論点25　通信ネットワークの役割と基礎技術

> 通信ネットワークとは、複数のコンピュータを通信回線で接続してデータのやり取りを可能としたものである。通信ネットワークの発達により、インターネットの利用が促進された。

1 データ通信

データ通信には、アナログ通信とデジタル通信の2種類がある。

【 アナログ通信とデジタル通信 】

名称	特徴
アナログ通信	アナログ信号が流れる回線を利用して音声やデータを送受信する通信である。通常の電話回線やADSLはアナログ通信である。
デジタル通信	デジタル信号が流れる回線を利用して音声やデータを送受信する通信である。一般的にアナログ回線より、高速かつ高品質なデータ通信が可能である。ISDN回線は、デジタル通信である。

2 データ通信方式

データ通信の方式には、回線交換方式とパケット交換方式の2種類がある。

【 回線交換方式とパケット交換方式 】

名称	特徴
回線交換方式	データ通信を行う際に、通信相手までの伝送路を占有する方式である。通常の電話回線は、回線交換方式である。
パケット交換方式	データ通信を行う際に、データを小さなまとまりに分割して一つ一つ送受信をする方式である。分割したデータをパケットと呼ぶ。パケットは、データ以外に送信先のアドレスなどのヘッダ情報が付与される。回線が占有されることがないため、通信回線を効率的に利用することができる。

❸ 通信サービス

通信ネットワークをユーザが利用するために、さまざまな通信サービスが提供されている。サービスごとに通信速度や通信品質、利用コストが異なる。

【 通信サービスの種類 】

名称	特徴
ISDN	Integrated Services Digital Network 電話やFAX、データ通信を統合して扱うデジタル通信網のことである。2回線を同時に利用することができるため、電話をかけながらインターネットに接続することが可能である。一般の電話回線より高速・高品質の通信が可能である。
ADSL	Asymmetric Digital Subscriber Line 電話回線を利用し高速なデータ通信を行う技術である。電話の音声を伝える際には利用しない周波数帯を利用する。利用者から電話局への上りの通信速度と比較し、電話局から利用者への下りの通信速度のほうが高速な通信となっている。
FTTH	Fiber To The Home 光ファイバーを家庭に引き込むことで、高速で高品質な通信を提供するための技術である。
CATV	ケーブルテレビの回線を利用したネットワークの技術である。
VPN	Virtual Private Network 複数のユーザが使用するネットワーク上に、ユーザごとの専用回線を仮想的に構築するための技術である。専用線よりもコストを抑えることができる。

過去問　令和5年度 第13問　ネットワークシステムの性能

B 論点26 ネットワーク・アーキテクチャ

ポイント

通信プロトコルとは、ネットワークを利用してデータを送受信するための規約のことである。代表的な通信プロトコルとしてOSI基本参照モデルがある。

1 OSI基本参照モデル

OSI基本参照モデルとは、国際標準化機構 (ISO) により制定された、異機種間のデータ通信を実現するためのネットワーク構造の設計方針 (OSI) に基づき、コンピュータなどの通信機器の持つべき機能を階層構造に分割したモデルである。通信機能を7階層に分け、各層ごとに標準的な機能を定義している。

【 OSI基本参照モデル 】

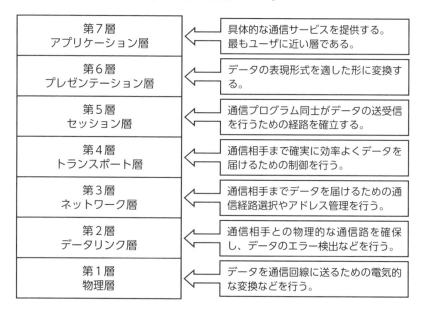

データは、第7層から順番に下位層に送られ、第1層で電気的な信号に変換された後に、通信相手のコンピュータにデータが届き第1層から順に第7層まで処理されユーザにデータが届く。

❷ ネットワーク接続機器

コンピュータ同士を接続する際には、OSI基本参照モデルの各層に応じた接続機器が用いられる。

【 ネットワーク接続機器の種類 】

名称	特徴
リピータハブ	LANの伝送路の長さを延ばすための機器である。宛先に関係なくリピータハブにつながっているすべての端末に信号を中継する。OSI基本参照モデルの物理層で動作する。
スイッチングハブ	MACアドレスで判断し特定の端末にのみ信号を中継することができるハブ。リピータハブよりも転送効率がよく、通信のコリジョン（衝突）が発生しない。現在、一般的に使用されている。
ブリッジ	同一ネットワーク内でデータを中継するための機器である。OSI基本参照モデルのデータリンク層で動作する。データに付与されたMACアドレスをもとにデータの中継を行う。
ルータ	異なるネットワークでデータを中継するための機器である。OSI基本参照モデルのネットワーク層で動作する。IPアドレスをもとにデータを転送すべき経路を判断する機能を持つ。また、一定のルールによりパケットをフィルタリングする機能も持つ。
ゲートウェイ	ネットワーク上で、媒体やプロトコルが異なるデータを相互に変換し通信を可能とする機器である。OSI参照モデルの全階層を認識し、異機種間の接続を可能とする。

追加 ポイント

- ・MACアドレスとは、メーカー番号と製造番号で構成されるアドレスである。同一ネットワーク内の通信に利用される。一般的に48ビットで16進数を用いて表現される（11：22：33：dd：ee：ff）。
- ・IPアドレスは、ネットワークに接続されたコンピュータや通信機器に割り振られた識別番号である。

過去問 令和5年度 第12問 OSI基本参照モデル
令和元年度 第12問 OSI基本参照モデル

論点27 LAN・VAN① ─ 概要

ポイント

コンピュータを相互に接続する場合、その接続する範囲によりLANと
WANがある。また、LANの代表的な通信制御方式には、CSMA/CD方式、
トークンパッシング方式がある。

∎ LANとWAN

LANは、Local Area Networkの略称で、限られた拠点内でコンピュータ
や関連機器が通信回線で接続されたネットワークである。

また、WANは、Wide Area Networkの略称で、通信事業者が敷設した通
信回線を利用して、拠点と拠点を接続したネットワークのことである。

【 LANとWAN 】

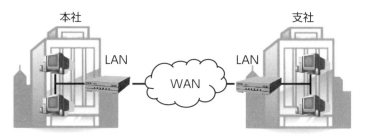

∎ LANのトポロジー

LANは、ネットワークの接続形態 (トポロジー) によって、スター型、リング型、
バス型の3つに分類することができる。

【 LANのトポロジー 】

名称	特徴
スター型	ハブを中心に、複数のコンピュータを放射線状に接続する形態のことである。
リング型	すべてのコンピュータをリング状にしたケーブルに接続する形態のことである。
バス型	1本のケーブルに接続する方式である。

【 ネットワークトポロジー 】

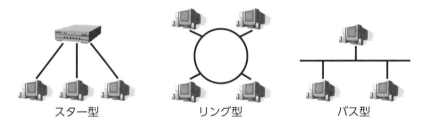

スター型　　　　　　　リング型　　　　　　　バス型

❸ LANのアクセス制御方式

　LANは、複数のコンピュータをネットワークで接続するため、データを送信する際のアクセス制御を実施する必要がある。

【 LANのアクセス制御方式 】

名称	特徴
CSMA/CD方式	Carrier Sense Multiple Access with Collision Detection データを送信したい機器はケーブルの通信状況を監視し、ケーブルが空くと送信を開始し、衝突が起きた場合は再送信をするアクセス制御方式である。バス型とスター型のトポロジーで利用する。
CSMA/CA方式	Carrier Sense Multiple Access with Collision Avoidance 無線LANの通信規格。CSMA/CDと違い送信中に衝突を検出したら即座に通信を中止し待ち時間を挿入する方式である。
トークンパッシング方式	トークンと呼ぶ送信権データがネットワークを常に周回し、このトークンを得た機器のみがデータを送信できるアクセス制御方式である。リング型のトポロジーで利用する。

過去問　過去5年間での出題はない。

B **論点28** LAN・VAN②－無線LAN

> 無線LANは、電波や赤外線などを使用し、ケーブルを利用しないLANである。無線LANには、利用する無線周波数や伝送速度に応じて複数の形式が存在している。

1 無線LAN

無線LANは、IEEE（Institute of Electrical and Electronic Engineers：米国電気電子学会）によってIEEE802.11シリーズとして規格が決められている。IEEE802.11は、アクセス制御にCSMA/CA方式を用いた無線LANの規格である。

【 無線LANの規格 】

名称	伝送速度	無線周波数	特徴
IEEE802.11b	最大11Mbps	2.4GHz帯	伝送可能範囲は50m～100m程度。無線通信や電子レンジなどから干渉を受ける。
IEEE802.11g	最大54Mbps	2.4GHz帯	IEEE802.11bと共存が可能。比較的通信距離は長いが、他の無線LANや電子レンジなどから干渉を受ける。
IEEE802.11a	最大54Mbps	5GHz帯	干渉を受ける原因が少なく、伝送速度が速い。
IEEE802.11n	最大600Mbps	2.4/5.2GHz帯	現在、主流となる無線LAN規格である。2.4GHz帯と5GHz帯の双方の周波数帯を使うことができるという特徴がある。
IEEE802.11ac	最大6.9Gbps	5GHz帯	IEEE802.11nとの互換性がある。11nの10倍以上の高速通信が可能な無線LAN規格である。5GHz帯なので、家電などからの干渉を受けにくい。

② 無線LANの接続形態

無線LANの接続形態は、主に2つある。

【 無線LANの接続形態 】

名称	特徴
アドホックモード	無線LAN端末のみで構成された接続形態である。
インフラストラクチャモード	アクセスポイントを介して通信する接続形態である。

【 アドホックモード 】

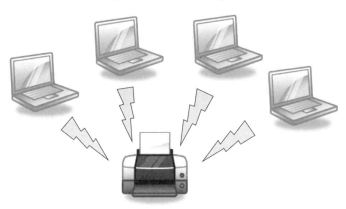

【 インフラストラクチャモード 】

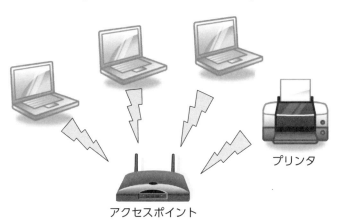

プリンタ

アクセスポイント

❸ 無線LANのセキュリティ

　無線LANは、電波の届く範囲であればだれでもネットワークに参加することができてしまう。安全に無線LAN環境を利用するため、無線LANにはセキュリティ設定を的確に設定する必要がある。

【 無線LANのセキュリティ 】

名称	特徴
SSID	アクセスポイントにSSIDを設定し、アクセスポイントに設定されたSSIDを持つパソコンからのみ通信を許可する方法である。
MACアドレスフィルタリング	予めアクセスポイントに接続許可する無線LANカードのMACアドレスを登録し、登録されたMACアドレスを持つ無線LANカードからのみ通信を許可する方法である。
WEP	アクセスポイントと無線LANカードで共通の暗号鍵を使い通信経路を暗号化する方法である。
WPA	WEPの暗号化機能をより強固にした方法である。
IEEE802.1X	LAN接続時に使用する認証規格である。

【 SSIDの動作 】

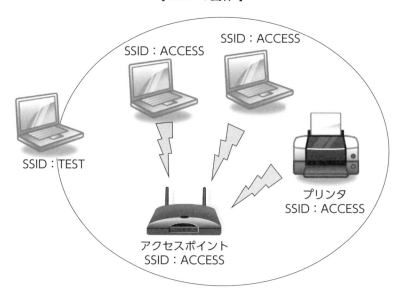

【MACアドレスフィルタリングの動作】

MAC：00-00-00-00-00-02

MAC：00-00-00-00-00-01　　　　　　　　　MAC：00-00-00-00-00-03

アクセスポイント
　　00-00-00-00-00-01：許可
　　00-00-00-00-00-02：許可

・CSMA/CA方式とは、無線LANで利用されるアクセス制御方式である。
　CSMA/CD方式との違いは、CSMA/CD方式では送信中に衝突を検出した場
　合は即座に通信を中止し待ち時間を送信するのに対し、CSMA/CA方式は送信
　の前に待ち時間を毎回挿入する点である。
・Bluetoothは、無線通信規格の1つで2.4GHz帯を利用し約10mの範囲で最
　大7台の機器を接続することができる。家電や携帯電話などで利用されている。

過去問　令和4年度　第1問　無線通信技術 (LAN、Bluetooth)
　　　　令和2年度　第9問　無線LANのアクセス制御

論点29　インターネット・イントラネット・エクストラネット①一概要

> ### ポイント
>
> インターネットは、TCP／IPを通信プロトコルとして利用している。TCP／IPを利用し、世界中のコンピュータをつなぎ巨大なネットワークを構築している。

1 インターネット

　インターネットは、企業や家庭、教育機関、政府機関などの組織のコンピュータをさまざまな技術を用いることでつなぎ合わせてできたネットワークである。世界中をカバーし、世界最大規模のコンピュータネットワークとなっている。

　インターネットを通じてできることは、たとえばホームページの閲覧である。具体的には、www（World Wide Web）という仕組みを利用して、HTML（Hyper Text Markup Language）等を使って作られたホームページを、HTTPプロトコルを介して参照することができる。ホームページを参照する場合は、URL（Uniform Resource Locator）と呼ばれるインターネットの住所をブラウザに指定する。

【 wwwの仕組み 】

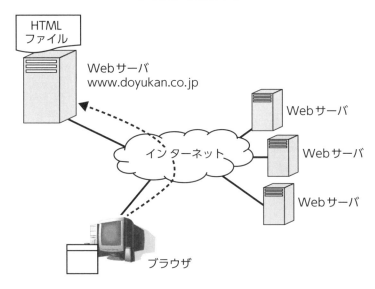

インターネットに接続する場合は、インターネットに接続するための通信回線を提供しているインターネットサービスプロバイダ（ISP）と呼ばれる通信事業者のサービスを利用する必要がある。プロバイダには1次プロバイダと2次プロバイダと呼ばれる2種類存在する。

1次プロバイダは、プロバイダ同士の接続ポイントに直接接続しているプロバイダである。一方、2次プロバイダは、1次プロバイダの子供として1次プロバイダに接続しているプロバイダである。

一般の利用者がインターネットに接続する場合は、プロバイダと契約し利用する場所とプロバイダとをつなぐ通信回線を使って接続する。

【 主な通信回線 】

名称	特徴
専用線	利用者が占有できる回線を用意し、常時インターネットに接続する形態である。料金は高額であるが、通信速度が速く安定しており、企業向けのサービスとなっている。
ADSL	一般家庭に広く普及しているアナログ回線を使用した常時接続、高速データ通信可能なサービスである。
FTTH	光ファイバーを用いた高速インターネット接続サービスである。光ファイバーを利用することで、通信品質の低下が少なく、ADSLよりも安定して高速なサービス提供が可能である。占有型と呼ばれる一利用者に対して回線を提供するものと、共有型と呼ばれる複数の利用者で回線を共用するものの2種類存在する。
CATV接続	CATV回線経由でインターネットに常時接続できるサービスである。通信速度が高速である。 CATVがある家庭では、追加の工事なくインターネットへの接続が可能となるため、近年シェアを伸ばしているサービスである。

❷ イントラネットとエクストラネット

イントラネットは、TCP／IPなどインターネットの機能を用いて構築された企業内ネットワークのことである。電子メールや電子掲示板、スケジュール管理などのシステムを比較的低コストで構築することができる。

エクストラネットは、複数の企業間でイントラネットを相互接続したネットワークのことである。インターネットや専用回線を用いて接続される。電子商

取引や電子データ交換を、ネットワークを通じてリアルタイムに行うことで、企業間の取引の効率化を図っている。

❸ TCP／IP

TCP／IPは、インターネットで利用される一般的な通信プロトコルである。OSI基本参照モデルは、あくまでモデルであり、実在するのはTCP／IPプロトコルである。

【 TCP／IP 】

名称	OSI基本参照モデル	特徴
TCP	トランスポート層	ネットワーク層とセッション層以上のプロトコルの橋渡しをする。通信相手とコネクションを張り、信頼性の高い伝送を行う。
IP	ネットワーク層	ネットワークに参加する機器のアドレスや、通信経路を選定するための方法を定義している。通信相手とコネクションは張らず、一方的にデータを送る。

❹ IPアドレス

IPアドレスは、接続するコンピュータごとに割り当てられる数値である。インターネットの世界ではIPアドレスを用いて接続されるコンピュータを識別することができる。IPアドレスにはグローバルIPアドレスとプライベートIPアドレスの2種類が存在する。グローバルIPアドレスは、数に限りがあるため、企業内ネットワークに接続されたコンピュータには、プライベートIPアドレスを利用することが一般的である。

【 グローバルIPアドレスとプライベートIPアドレス 】

名称	特徴
グローバルIPアドレス	インターネットに接続したコンピュータに割り当てられた世界固有のIPアドレスである。ICANNという組織によって管理されている。
プライベートIPアドレス	企業内や家庭内など、インターネットと直接接続しないネットワーク内でのみ利用することができるIPアドレスである。

IP アドレスは、現在32 ビット体系のIPv4が利用されているが、割り当て可能なIPアドレスが枯渇する問題が発生している。そこで、この問題を解決するために128ビット体系のIPv6が策定された。

IPv6アドレスは、単にIPv4アドレスのビット幅を4倍に拡張しただけでなく、その広いアドレス空間を活かし、アドレスに構造を持たせるなど使い方について議論されている。

5 ping

ネットワーク上の特定のサーバやネットワーク機器が通信可能かどうか（到達可能性）を調べるためのプログラムおよびコマンドである。

調べたい相手のIPアドレスやホスト名を指定して「ICMPメッセージ」を送受信して調査を行う。ネットワーク層で動作するプロトコルに分類される。

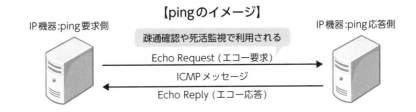

【pingのイメージ】

IP機器:ping要求側　　疎通確認や死活監視で利用される　　IP機器:ping応答側

Echo Request（エコー要求）

ICMPメッセージ

Echo Reply（エコー応答）

6 NAT・NAPT

NAT（Network Address Translator）とは、ルータ等のネットワーク機器に備わるグローバルIPアドレスとプライベートIPアドレスを1対1で変換する機能である。

それに対しNAPT（Network Address Port Translation）は、グローバルIPアドレスとプライベートIPアドレスを1対多で変換することで、複数のコンピュータから同時にインターネット接続することが可能になる機能である。これにより、グローバルIPアドレスの節約や外部から内部のネットワークが隠蔽されることで、セキュリティが向上する効果もある。IPマスカレードともいわれる。

【NAPTのイメージ】

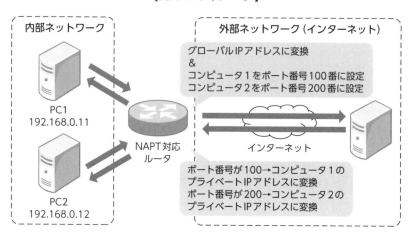

追加 ポイント

- UDPは、TCP同様にインターネットで利用されるプロトコルでOSI基本参照モデルのトランスポート層にあたる。TCPと比較して、転送速度は速いが、信頼性が低い伝送を行う。
- NATは、グローバルIPアドレスとプライベートIPアドレスを1対1で変換する機能である。IPマスカレードは、1つのグローバルIPアドレスに対して複数のプライベートIPアドレスを割り当てる機能である。
- ARPは、IPアドレスからMACアドレスを取得するためのプロトコルである。

過去問

令和5年度　第11問　IPアドレス
令和4年度　第8問　IPアドレスとドメイン
令和元年度　第8問　URL
令和元年度　第11問　社内ネットワーク

論点30　インターネット・イントラネット・エクストラネット②-プロトコル

インターネットを利用して、さまざまな機能を利用するためには、TCP/IPに加えて、OSI基本参照モデルのセッション層以上（アプリケーション層と呼ぶ）のプロトコルも必要となる。

1 アプリケーション層のプロトコル

Webページの閲覧、電子メール、ファイル共有、ファイルの送受信などの機能を実現するためにアプリケーション層のプロトコルが定義されている。

【 アプリケーション層のプロトコル 】

名称	特徴
HTTP	HyperText Transfer Protocol WebサーバとWebブラウザがデータを送受信するのに使われるプロトコルである。HTMLや、画像、音声、動画などのファイルをやり取りできる。
HTTPS	HyperText Transfer Protocol Security HTTPに、暗号化技術を利用してデータの暗号化機能を持ったプロトコルである。WebサーバとWebブラウザの間の通信が暗号化し、安全にデータのやり取りをすることができる。
FTP	File Transfer Protocol TCP／IPネットワークでファイルを転送する際に利用するプロトコルである。
SMTP	Simple Mail Transfer Protocol インターネットやイントラネットで電子メールを送信する際に利用するプロトコルである。サーバ間でメールをやり取りしたり、クライアントがサーバにメールを送信したりする際に利用される。
POP	Post Office Protocol インターネットやイントラネット上で、電子メールを保管しているサーバからメールを受信するためのプロトコルである。
IMAP	Internet Message Access Protocol インターネットやイントラネット上で、電子メールを保管しているサーバからメールを受信するためのプロトコルである。POPと異なり、メールはサーバ上で管理され、必要に応じて受信するかどうかを決めることができる。
MIME	Multipurpose Internet Mail Extension 電子メールで各国語や音声、動画などを扱うための規格である。

S/MIME	Secure / Multipurpose Internet Mail Extensions MIMEの仕組みを応用してメール本文を公開鍵方式による暗号化したり、デジタル署名を扱うための規格である。
DHCP	Dynamic Host Configuration Protocol ネットワークに一時的に接続するコンピュータに、IPアドレスなど必要な情報を自動的に割り当てるプロトコルである。
LDAP	Lightweight Directory Access Protocol ディレクトリサービスにアクセスするためのプロトコルである。ディレクトリサービスとは、ネットワークを利用するユーザのメールアドレスや所属部署などの情報を管理するサービスのことである。ユーザ名から、各種情報を検索できる。
NTP	Network Time Protocol コンピュータの時計を、ネットワークを介して正しく調整するプロトコルである。
DNS	Domain Name System インターネット上のホスト名とIPアドレスを対応させるプロトコルである。ブラウザから「www.doyukan.co.jp」と入力して同友館のHPを見ることができるのは、DNSのおかげである。
NFS	Network File System ファイル共有するためのプロトコルである。NFSによって離れた場所にあるコンピュータのファイルを、あたかも自分のコンピュータにあるファイルのように操作できる。

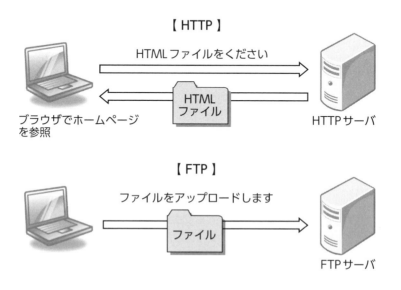

【 HTTP 】

HTMLファイルをください

HTML
ファイル

ブラウザでホームページ
を参照

HTTPサーバ

【 FTP 】

ファイルをアップロードします

ファイル

FTPサーバ

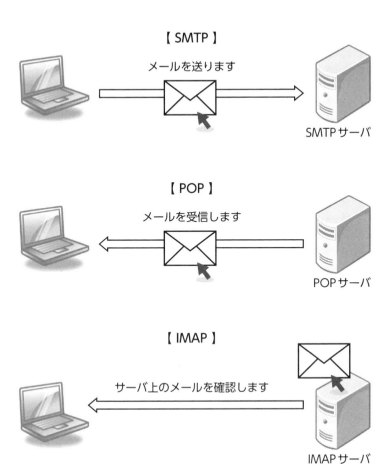

【 SMTP 】

メールを送ります

SMTPサーバ

【 POP 】

メールを受信します

POPサーバ

【 IMAP 】

サーバ上のメールを確認します

IMAPサーバ

論点31 システムの信頼性①－RASIS

ポイント

システムを評価するポイントの1つとしてRASISと呼ばれる5つの指標がある。その中でも特に重要な指標は、「MTBF」「MTTR」「稼働率」である。

■ RASIS

システムを性能面以外で評価する際は、5つの指標を用いる。この5つの指標は、頭文字を組み合わせRASISと呼ばれる。

【 RASIS 】

指標名	意味	内容
Reliability	信頼性	故障しないこと
Availability	可用性	いつでも利用できること
Serviceability	保守性	故障した際に素早く修理できること
Integrity	完全性	データの破壊・不整合が起きないこと
Security	安全性	データが守られていること

また、機器やシステムの信頼性に関する以下のような設計思想がある。

【 信頼性に関する設計思想 】

設計思想	内容	例
フェイルソフト	事故や故障が発生した際に、問題の個所を切り離すなどして被害の拡大を防ぎ、全体を止めることなく残りの部分で運転を継続すること。	・鉄道列車などの緊急時の急ブレーキ
フェイルセーフ	部品の故障や破損、操作ミス、誤作動などが発生した際に、なるべく安全な状態に移行するような仕組みにしておくこと。	・飛行機などのエンジンが一機停止しても、もう一方で稼働できる仕組み

フール プルーフ	利用者が操作や取り扱い方を誤っても危険が生じない、あるいは、そもそも誤った操作や危険な使い方ができないような構造や仕掛けを設計段階で組み込むこと。また、そのような仕組みや構造。	・正しい向きにしか挿入できない電池ボックス ・ドアが完全に閉じなければ起動しない電子レンジや洗濯機
フォールト トレランス	構成要素の一部が故障、停止などしても予備の系統に切り替えるなどして機能を保ち、正常に稼動させ続けること。	・電源の二重化 ・ハードディスクのRAID
フォールト アボイダンス	なるべく故障や障害が生じないようにすること。個々の構成要素の品質を高めたり、十分なテストを行ったりして、故障や障害の原因となる要素を極力排除することで信頼性を高めるという考え方。	・高品質の部品を採用 ・十分なテスト ・品質管理の徹底 ・教育
フォールト マスキング	障害が発生しても外部に影響が伝播しないような仕組みにすること。	・機器やNWの完全冗長化 ・分離構成

❷「MTBF」「MTTR」「稼働率」

RASISの中でも信頼性・可用性・保守性については、以下の指標を用いて評価される。

【 信頼性・可用性・保守性の指標 】

指標名	意味	内容	意味
MTBF： 平均故障間隔	信頼性	Mean Time Between Failure 復旧した時点から次の故障が発生するまでの平均時間	長いほどよい
MTTR： 平均修理時間	保守性	Mean Time To Repair 故障が発生してから正常に戻るまでの平均時間	短いほどよい
稼働率	可用性	システムが動いている割合	大きいほどよい

【 各種指標について 】

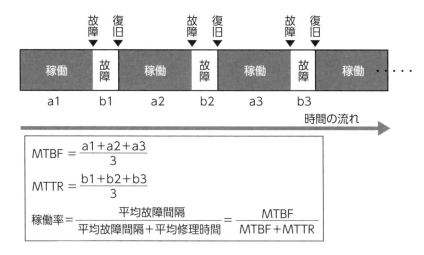

$$MTBF = \frac{a1+a2+a3}{3}$$

$$MTTR = \frac{b1+b2+b3}{3}$$

$$稼働率 = \frac{平均故障間隔}{平均故障間隔+平均修理時間} = \frac{MTBF}{MTBF+MTTR}$$

❸ 複数システムの稼働率の計算

①直列接続システムの稼働率の計算

システムを直列に接続した場合の稼働率を算出する。

具体的には、現在システムA、システムB、システムCがあり、これらのシステムが直列に接続されている場合を考える。システムが直列に接続されている場合、このシステムが稼働しているといえるのは、システムA、B、Cのすべてが稼働している場合のみである。

【 直列接続システムの稼働率 】

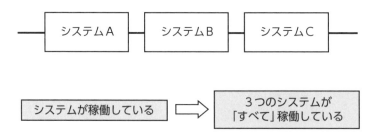

〈計算例〉

　システムＡ、システムＢ、システムＣの稼働率が、順に0.95、0.92、0.98の場合、このシステム全体の稼働率はいくつになるか。

システム全体の稼働率 ＝ 0.95 × 0.92 × 0.98 ＝ 0.85652
　　　　　　　　　　 ≒ 0.86

②並列接続システムの稼働率の計算

　システムを並列に接続した場合の稼働率について算出する。

　具体的には、現在システムＡ、システムＢ、システムＣがあり、これらのシステムが並列に接続されている場合を考える。システムが並列に接続されている場合、このシステムが稼働しているといえるのは、問題で与えられる条件によって変わってくる。たとえば、「3つのシステムのうち1つでも稼働していればシステム全体として稼働しているとする」や、「3つのシステムのうち2台以上が稼働している場合にシステムは稼働しているとする」などである。この条件を踏まえたうえで、稼働率を算出する必要がある。

　今回は、システムＡ、Ｂ、Ｃのうち1つでも稼働していればシステム全体は稼働しているという場合を考える。

【 並列接続システムの稼働率 】

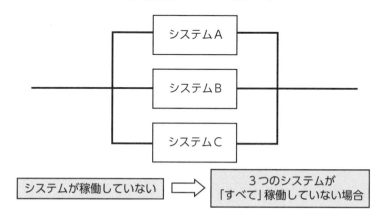

〈計算例〉

　システムA、システムB、システムCの稼働率が、順に0.95、0.92、0.98の場合、並列に接続された3つのシステムのシステム全体の稼働率はいくつになるか。なお、3つのシステムのうち1つでも稼働していればシステム全体は稼働しているとみなす。

　3つのシステムのうち1つでも動いていればという意味は、3つのシステムがすべて停止している場合のみ不稼働ということになる。稼働率は、全体から非稼働率を引くことで算出できるので、

システム全体の稼働率　＝

　$1 - (1 - 0.95) \times (1 - 0.92) \times (1 - 0.98) = 0.99992$

❹ コンピュータの信頼性を高める手法

　システムに故障が発生しても、システムが停止することなく稼働させ続けるように設計する考えのことを、フォールトトレランスと呼ぶ。具体的には、以下に示す2つの考え方がある。

　フェールセーフ：故障した場合、システムの被害を最小限に抑える。

　フェールソフト：故障した場合、性能低下があっても稼働を維持する。

追加 ポイント

・稼働率と非稼働率の関係は、以下のとおりである。
　非稼働率 ＝ 1 － 稼働率
・フールプルーフとは、ユーザが入力ミスをしても、そのミスがカバーできるようにシステムを設計するアプローチのことである。

（p.83からのつづき）

(5) システム評価

システムの性能、システムの信頼性・経済性、その他

(6) その他情報通信技術に関する事項

2. 経営情報管理

(1) 経営戦略と情報システム

情報システム戦略（情報システム戦略の策定（経営戦略との連携、新技術導入、情報化投資とポートフォリオ、システムライフサイクル、システム化計画の立案、経営・情報戦略策定方法論等）、経営革新と情報システム（ビジネスモデル、バリュープロポジション、エンタープライズアーキテクチャ、業務革新、業務プロセス改善、データ活用基盤、情報システム利活用等）、ITガバナンス（コーポレートガバナンスとの連携、コントロール目標、内部統制、システム監査等）、情報化社会（政治的・経済的・文化的・技術的要因、技術の標準化、デジタルプラットフォーム、ソーシャルイノベーション、社会問題の解決等））、情報システムの適用領域（組織内情報システム（業務処理、経営管理、ナレッジを集約するシステム等）、組織間情報システム（サプライチェーンマネジメント、カスタマーリレーションシップマネジメント等）、ソリューション（新しいビジネスモデル・プラットフォーム・事業の創出、新サービスの展開等））、その他

(2) 情報システム開発

ウォーターフォール型開発、インクリメンタル型開発、アジャイル型開発、その他

(3) 情報システムのマネジメント

組織と人材（システム開発・運用計画、システム開発・運用管理体制、サービスマネジメント、プロジェクトマネジメント）、情報セキュリティ（情報セキュリティの概念（セキュリティ、リスク、プライバシー保護等）、情報セキュリティ管理、情報セキュリティ対策）、その他

(4) 情報システムの評価

品質評価、価値評価、その他

(5) 意思決定支援

問題分析・意思決定技法（各種技法の理解、用途等）、データ分析技術と活用（データ理解、データ収集・加工・可視化、データ活用基盤の活用等）、データサイエンス（確率・統計、人工知能等）、その他

(6) その他経営情報管理に関する事項

論点32 システムの信頼性②－障害に対する予防対策

ポイント

システムの信頼性を高めるためにはシステム障害に対する予防対策をする必要がある。予防対策には、UPS、ミラーリング、RAID、システムの冗長化などの方法がある。

1 UPS

UPSは、無停電電源装置のことで、停電などの際にシステムが停止しないように一定時間の電力を供給するための装置である。システムを正常に終了させるために必要な時間の電力を供給する。

2 ミラーリングとデュプレキシング

データを保管するハードディスクに対する障害に備えるための技術として、ミラーリングとデュプレキシングがある。

【 ミラーリングとデュプレキシング 】

名称	特徴
ミラーリング	1枚のインタフェースカードに対して、2台のハードディスクを接続して、それぞれのハードディスクに同一のデータを書き込む。
デュプレキシング	2枚のインタフェースカードに対して、2台のハードディスクを接続して、それぞれのハードディスクに同一のデータを書き込む。インタフェースカードを2重化することで、インタフェースカードの障害にも対応が可能となる。

【ミラーリング】

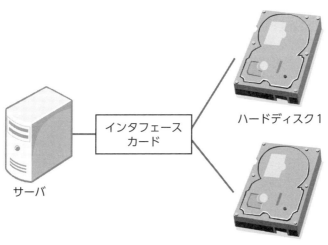

サーバ

インタフェース
カード

ハードディスク1

ハードディスク2

【デュプレキシング】

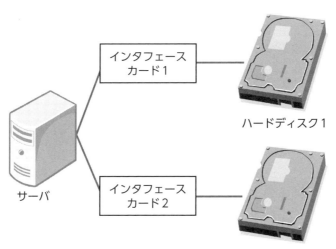

サーバ

インタフェース
カード1

インタフェース
カード2

ハードディスク1

ハードディスク2

3 RAID

　ハードディスクを複数台用いてアクセスを分散させることで、高速、大容量で信頼性の高いディスクシステムを実現する技術である。機能の違いにより、RAID0 ～ RAID5のレベルに分けられる。

【 RAID 】

名称	特徴
RAID0	データを複数台のハードディスクに分散して書き込むことで、読み書きを高速化する。これをストライピングという。
RAID1	ミラーリングやデュプレキシングにより信頼性を高める。
RAID5	パリティという障害が発生したドライブのデータを復元する際に必要なデータを使い、データを冗長化する。書き込むデータからパリティを生成し、パリティとデータを分散して同時に書き込むことで、高速化と冗長化を実現する。

【 RAID0 と RAID1 】

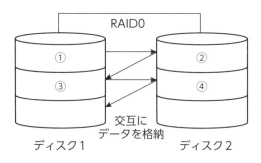

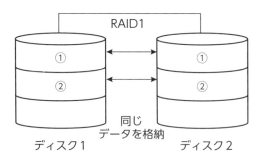

4 システムの冗長化

　システムを冗長化することで、システムの障害に備えることができる。具体的には、動作系と待機系の2系統のシステムを用意し、動作系に障害が発生した場合は待機系が処理を引き継ぐことでシステムを稼働し続けることができる。システムの冗長化は、複数の構成パターンが存在する。

【 システムの冗長化 】

名称	特徴
デュプレクスシステム	正常時は、動作系でオンライン処理を、待機系でバッチ処理を行うシステム構成である。
デュアルシステム	システムすべてを2重化し、いずれも同じ処理を行い、その処理結果を照合するシステム構成である。

【 デュアルシステムのイメージ図 】

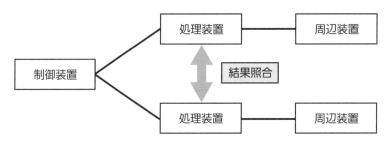

追加 ポイント

・コールドスタンバイシステムは、待機系が通常時は動作系とは異なる処理を行い、動作系に障害が発生した場合に待機系が処理を引き継ぐ。
・ホットスタンバイシステムは、待機系が動作系と同じシステムを起動し待機しており、動作系に障害が発生した場合は即座に待機系が処理を引き継ぐ。

過去問　令和5年度　第10問　ストレージ技術

A 論点33 最新IT用語

ポイント

情報通信技術は日々進化している。近年注目されている最新の用語として「IoT」、「ビッグデータ・オープンデータ」、「O2O」、「SDN」等がある。

1 IoT（モノのインターネット）

　コンピュータなどの情報・通信機器だけでなく、さまざまなモノに通信機能を持たせ、インターネットに接続したり相互に通信することにより、統合的に制御・管理する概念・コンセプトのことである。

　たとえば、外出先でスマホやタブレットから家中の照明、施錠、エアコンといったモノを制御する、また腕や頭部など身体に装着するウェアラブルデバイスとスマホを接続し健康監視・管理を行うという世界観をイメージしておくとよい。

【IoTイメージ】

　代表的な技術として、運営管理でも触れられることの多いRFID（Radio Frequency IDentification system）があげられる。IC（RFタグ）とリーダライターを活用し、書き込み可能、非接触、一括読み込み可能、パッシブ型では電源不要という特徴がある。アパレル市場、コンビニの実証実験開始などの新規増加要因と、製造分野、セキュリティ分野などの現状利用が合わさり普及拡大が予想されている。

また、スマートフォン・スマートウォッチなどの普及に伴い、センサーの普及が加速している。近年では、以下のようなセンサーに加え、血中酸素濃度を検知するセンサーを搭載したスマートウォッチが販売開始されるなど、医療・健康に関わる身近なものになっていくことが期待される。

【 スマートデバイスのセンサー 】

名称	特徴
モーションセンサー	3軸方向の加速力や回転力を測定するためのセンサー。このカテゴリのセンサーには、加速度計、重力センサー、ジャイロスコープ、回転ベクトルセンサーなどがある。
環境センサー	周囲の気温や気圧、照度、湿度など、さまざまな環境パラメータを測定するためのセンサー。このカテゴリのセンサーには、気圧計、光度計、温度計などがある。
位置センサー	デバイスの物理的な位置を測定するためのセンサー。このカテゴリのセンサーには、方位センサーや磁力計 (電子コンパス) などがある。

2 ビッグデータ・オープンデータ

ビッグデータとは、「事業に役立つ知見を導出するためのデータ」のことであり、従来のデータベースソフトウェアが把握、蓄積、運用、分析できる能力を超えたサイズのデータを指す。具体的には、オンラインショッピングサイトやブログサイトにおいて蓄積される購入履歴やエントリー履歴、ソーシャルメディア (たとえば、TwitterやFacebookなど) 上で投稿されるデータなどが該当する。今まで管理しきれないために見過ごされてきたこれらのデータを保管して即座に解析することで、ビジネス上有用な情報を得たり、これまでにない新しい仕組みやシステムを生み出したりするために利用されている。

オープンデータとは、官公庁などが持ち、限られた場所で利用されているデータを、一般の利用者がいつでもどこでも利用できるようにしたデータのことである。民間が持つデータと組み合わせることで、新しいサービスを生み出すことが期待されている。

ビッグデータで扱うデータは、従来のリレーショナルデータベースで扱える構造化データだけなく、日常会話をそのままテキスト化した文章データやコールセンターの電話の会話データのように構造を持たないデータ (非構造化データ) も注目されている。また、ビッグデータ活用の鍵となるM2Mとは、Machine to Machineの略で、人が介せず、ネットワークにつながれた機器同士が相互に情報交換などを行うことである。

【 ビッグデータ活用の流れ 】

3 AI

AI（Artificial Intelligence）とは、一般に人工知能と呼ばれ、人工的にコンピュータ上などで人間と同様の知能を実現させようという試み、もしくはそのための一連の基礎技術のことである。

特化型人工知能と汎用人工知能があり、特化型はある特定領域に特化した人工知能で弱いAIとも呼ばれ、将棋用人工知能や自動運転自動車などはこれにあたる。汎用人工知能とは、異なる分野に複雑な問題を解決できる人工知能で強いAIとも呼ばれ、自律的な思考ができるものと考えられている。

AIにおける技術要素として、機械学習と深層学習（ディープラーニング）があり、機械学習とはある判断軸を与えたうえで自動的にデータから学習することを指し、深層学習ではその判断軸も自ら創る学習方法である。

機械学習における予測モデル精度向上へのアプローチはデータと学習方法に観点から複数あり、対処するビジネス上の問題およびその性質に合わせて選択する必要がある。

【 AIの学習手法 】

名称	特徴
教師あり学習	学習用データとデータの意味を定義するラベル機能を活用した学習手法。たとえば、大量の動物の画像データに対し、それが何の動物であるかラベリングし、写真から動物種別を解答するアプリケーションなどがある。
教師なし学習	データに対するラベリングを手動で行うのではなく、検出したパターンまたはクラスターに基づいてデータを分類するアルゴリズムを活用して行う手法。たとえば、電子メールのスパム検出技術や、予測・傾向分析などで使用される。

強化学習	行動学習モデルの教師あり学習。データ分析からフィードバックを受け取り、ユーザーを最適な結果に導く。たとえば、チャットボットとのやり取りの後に教示される「役に立ちましたか」のボタンなどがそれである。
深層学習 (ディープ・ ラーニング)	非構造化データからパターンを学習しようとするときに活用する。うまく定義されていない抽象概念や問題を処理するようにコンピューターを訓練することができる。画像認識、音声認識などに活用される。

4 O2O (Online to Offline)

O2Oとは、インターネット上の情報や活動が実店舗での購買行動に影響するというマーケティングの概念である。顧客に実店舗での購入をうながすためにインターネット上で実施する販売促進活動のことである。O2OのOnlineとはインターネットのこと、Offlineは実店舗を意味している。

具体的O2Oの例には、インターネットで価格を調べてから店舗で購入するといった行動や、クーポン共同購入サービスなどがあげられる。

【 O2O 】

インターネットで価格チェック
クーポン取得

実店舗で購買

Offline

5 SDN (Software Defined Network)

SDNとは、ネットワークを構成する通信機器(ルータやスイッチなど)を単一のソフトウェアによって集中的に制御し、ネットワークの構造や構成、設定などを柔軟に、かつ動的に変更することを可能とした技術の総称である。

これまでの通信機器は1台ずつが独立した機能を持ち、設定や構成などの作業も1台ずつ行う必要があった。しかし、SDNでは機器の制御機能とデータ転

送機能を分離することで、制御機能をソフトウェアにより1ヵ所で集中管理し、どの機器でどのような動作をさせるのかを柔軟に設定することを可能とした。

　ネットワーク機器はこれまで製品を発売するベンダーごとに仕様が決められていたが、OpenFlowというネットワーク制御技術の標準が登場したことにより、SDNを実現することが可能となった。

【 SDN 】

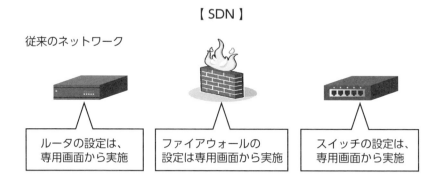

従来のネットワーク

| ルータの設定は、専用画面から実施 | ファイアウォールの設定は専用画面から実施 | スイッチの設定は、専用画面から実施 |

SDNがあるネットワーク

SDNコントローラから一元管理が可能

6 デジタルトランスフォーメーション (DX)

　経済産業省の発表したDX推進ガイドラインにおいて、デジタルトランスフォーメーションとは「企業がビジネス環境の激しい変化に対応し、データとデジタル技術を活用して、顧客や社会のニーズを基に、製品やサービス、ビジネスモデルを変革するとともに、業務そのものや、組織、プロセス、企業文化・風土を変革し、競争上の優位性を確立すること。」と定義されている。

　ITシステムの見直しにあたっては、デジタル技術を活用してビジネスをど

のように変革するかという経営戦略が必要であり、それを実行する上での体制
や企業組織内の仕組みの構築等が不可欠であることが議論されている。

【 DX推進ガイドライン 】

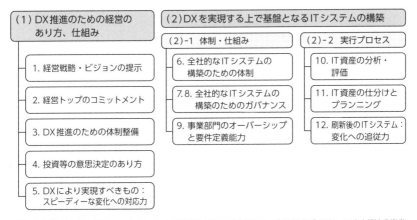

出所：「デジタルトランスフォーメーションを推進するためのガイドライン（DX推進ガイドライン）」経済産業省

追加 ポイント

・本論点で取り扱った最新のIT用語は、毎年移り変わる分野であるため、その
まま覚えること自体は試験対策上の優先度はそれほど高くない。
・近年ではどのような技術に注目が集まっているか普段のニュースや新聞で取り
沙汰されている用語を検索などにより情報収集することが望ましい。

過去問

令和5年度 第3問 深層学習（ディープラーニング） 令和5年度 第4問 半構造化データ
令和5年度 第15問 情報化社会の将来像　　　　　令和5年度 第24問 機械学習
令和5年度 第25問 インターネット上の情報流通
令和4年度 第9問 DXレポート　　令和4年度 第15問 機械学習
令和4年度 第25問 ブロックチェーン
令和3年度 第2問 RFID　　　　令和3年度 第13問 AI（人工知能）
令和3年度 第15問 SOS　　　　令和3年度 第16問 DX
令和2年度 第11問 AI（人工知能）　令和2年度 第12問 スマートデバイスのセンサー
令和2年度 第25問 RPA

経営情報管理

A　論点1　経営戦略と情報化

ポイント

近年の企業経営においてITの重要性は非常に高い。その中で、企業における内部統制の重要性が高まり、内部統制におけるITの重要性も高まっている。内部統制は、企業を適切に統治するための手段である。

1 経営戦略と情報戦略

　情報戦略とは、経営戦略の中で情報システムに対する方針や計画を指す言葉である。従来は、情報システムを現場の事務効率を高めるための手段として利用していたが、現在では、情報システムの活用が企業の成長と競争優位を確保する経営戦略の重要な要素になっている。

　CIO (Chief Information Officer) は、情報統括役員と訳され、情報戦略に対する責任を持つ職種である。

2 内部統制

　内部統制は、一般に企業内部において、違法行為の監視、健全な組織の運営を目的として、そのプロセスを標準化、文章化して、管理・監視・保証を行うことである。以下に分類される目的を達成するために、事業体の取締役会、経営者およびその他の構成員によって遂行されるプロセスである。

- 業務の有効性・効率性
- 財務諸表の信頼性
- 関連法規の順守
- 資産の保全

　内部統制は、一般的に「組織統制」「業務処理統制」「IT統制」の3つに分類される。近年では、ITが業務の大部分をしているため、IT統制の重要性がクローズアップされている。

🔢 IT統制

IT統制(ITガバナンス)とは、企業が自社の情報システムの導入や運用を組織的に管理する仕組みである。ITシステムをシステム部門任せにせず、経営的な視点からその投資や運営、リスク管理などに全社的課題として取り組むことを意味している。企業の内部統制の一環として、IT統制の整備の必要性が叫ばれている。

なお、似たような用語としてITポートフォリオというのがある。これは情報化投資をリスクや投資価値の類似性でいくつかのカテゴリに整理し、金融分野のポートフォリオ理論をIT投資に応用したものであり、ビジネス戦略実現のための最適な資源配分を調整する手法である。

🔢 EA・ERP

EA(Enterprise Architecture)とは、大企業など巨大な組織企業をはじめとする組織体において、組織の目的を効率よく実現するために、組織構造や業務手順、情報システムなどを最適化する手法のことである。また、EAを実現するITソリューションをERP(Enterprise Resource Planning)と呼ぶ。

EAでは、部分最適ではなく、全体最適を考え、経営戦略、組織の構成、各部署の業務内容、部署間の連携、情報システムなどの多様な要素を階層構造として認識する。これにより複雑な組織を一体的に見直し、重複コストの削減や、組織全体の総合的な効率化を図ることが期待できる。

🔢 情報端末管理

近年、情報端末機器の進化により事務所内にて個人所有の個人機器を有効的に利用したり、事業所外から会社内のデータにアクセスしたりすることで、業務効率を高めたいというニーズが多くなっている。一方で、情報漏えい対策、個人情報管理に対する新たな対策が求められるようになった。

【 情報端末管理 】

名称	特徴
BYOD	Bring Your Own Device 社員が私物の情報端末などを持ち込んで業務で利用することである。

シャドーIT	会社内で承認されていない情報端末や各種クラウドサービスなどを社員が仕事で勝手に使うことである。シャドーITは対象がデバイスに限らず、「会社で承認されていない」という点がBYODとは異なる。
MDM	Mobile Device Management (モバイル端末管理) 携帯情報端末のシステム設定などを統合的・効率的に管理するシステムである。
MCM	Mobile Content Management 社員が利用するモバイル端末内の業務データを管理するシステムや技術である。
MFA	Multi-Factor Authentication 多要素認証のことで、認証の3要素である「知識情報」、「所持情報」、「生体情報」のうち異なる認証手段を組み合わせて用いることである。たとえば、指紋認証と暗証番号認証の組み合わせがこれにあたる。
SSO	Single Sign-On シングルサインオンのことで、一度の利用者認証で複数のデバイス、ソフトウェアなどを利用できるようにする仕組みのことである。
ローカルワイプ	情報端末の画面ロックを解除するパスワードの入力を指定回数間違えたとき、データを自動消去する機能である。
リモートワイプ	スマホやタブレットなどの情報端末が保持しているデータを、遠隔地から通信回線経由で消去したり、無効化したりする手法のことである。

【 MDM 】

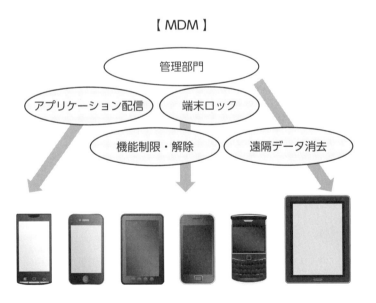

論点2　経営情報システム

経営情報システムは、広義の意味では企業で利用する情報システムの総称である。情報技術の発展、経営環境の変化に応じて新しい考え方が生まれ、さまざまな経営情報システムが企業に導入されてきた。

1 経営情報システム

　経営情報システムの始まりは、事務処理の効率化を図るために導入されたコンピュータシステムから始まる。その後、ハードウェアやネットワークといったインフラ面の充実が進み、社内外における情報共有が行われるようになった。近年では、ビジネスプロセスの改革に情報システムを活用するようになり、企業のインフラの再構築が行われている。

【 経営情報システムの遷移 】

名称	目的	特徴
EDPS	事務処理効率化	Electronic Data Processing System 電子データ処理システムのことである。1960年代に企業における事務処理の効率化を図る目的で導入されたコンピュータシステムである。
MIS	意思決定	Management Information System (狭義の) 経営情報システムのことである。1970年代に経営管理のために導入されたコンピュータシステムで、経営者が業務上の判断を行う際に必要な情報を、必要な時に提供することを図るシステムである。ただし、コンピュータ技術が未熟であったため、満足な成果を出すことができなかった。
DSS	意思決定	Decision Support System 意思決定支援システムのことである。MISの発展形として提唱された経営管理のためのコンピュータシステムであり、意思決定者に対して、意思決定を支援する情報システムである。
SIS	競争優位の獲得	Strategic Information System 戦略的情報システムのことである。企業が競争優位を獲得することを目的とした情報システムである。

BI	意思決定	Business Intelligence 業務システムなどから蓄積される企業内の膨大なデータを、蓄積・分析・加工して、企業の意思決定に活用しようとする手法である。各種データの分析を専門家に依存せず、経営者や社員が必要な情報を自在に分析し、経営計画や企業戦略などに活用することを目指している。

❷ e-ビジネス

e-ビジネスとは、企業活動におけるあらゆる情報交換・蓄積手段を電子化し、経営効率を向上させることである。e-ビジネスの1つとして、電子商取引（EC）がある。電子商取引（EC）とは、インターネットなどのネットワークを利用して、契約や決済などの商取引を行う取引形態のことである。電子商取引は、取引相手によって分類される。

【 電子商取引の分類 】

名称	特徴
B to B	Business to Business 企業（business）間の取引のことである。EDI（Electronic Data Interchange）は、企業間における電子データの交換を行う仕組みである。
B to C	Business to Consumer 企業（business）と一般消費者（consumer）との取引のことである。インターネット上に商店を構えて消費者に商品を販売するオンラインショップが最も一般的な形態である。
C to C	Consumer to Consumer 一般消費者（consumer）間の取引のことである。一般的には、インターネット上でオークションとして実現されている。

追加 ポイント

・MISとDSSの違いは、MISは単純な情報提供のみであり、その結果をどう使うかは利用者任せであったのに対し、DSSは意思決定のプロセスまで支援した点である。DSSの意思決定の最終判断は利用者が行っていた。
・生産性パラドックスとは、R.ソローが提唱した考え方で、情報システムへの投資を増やしたとしても、企業の生産性や収益性が必ずしも増大しないというものである。

過去問　令和元年度　第14問　e-ビジネス

B 論点3　システム開発の手順と開発モデル

> システム開発の手順は、開発するシステムの特性や規模によって選択される。代表的な開発モデルには、ウォータフォールモデル、プロトタイプモデル、スパイラルモデルがある。

1 システム開発の手順

　システム開発は次のようなフェーズで成り立っている。それぞれのフェーズを開発モデルに応じて進めていくことでシステムを開発していく。

【 システム開発のフェーズ 】

名称	特徴
要件定義	利用者が求めるシステムに対する要求を整理するフェーズである。このフェーズで、開発者と利用者の間で開発するシステムについて合意形成し、システムやソフトウェアに実装すべき機能や満すべき性能などをまとめる。
外部設計	利用者が必要とする要件に基づいて、利用者から見てシステムがどのように振る舞うべきかを決めていくフェーズである。ユーザインタフェースや帳票類の書式などを決めていく。
内部設計	外部設計で定められた機能や操作方法などに基づいて、プログラムやシステムとしてどのように実現するかを決めていくフェーズである。
プログラム設計	内部設計で決めた内容をもとに、プログラミングをするために必要なパラメータを決めていくフェーズである。
プログラミング	プログラム設計で作成した設計書をもとに、プログラミング言語を用いてプログラムを作成するフェーズである。
テスト	作成したプログラムが設計通りに動作するか確認をするフェーズである。ソフトウェアの品質を担保・保証するために重要なフェーズである。
運用・保守	リリースしたシステムのメンテナンスなどを行うフェーズである。

【 システム開発フェーズの進め方（ウォータフォールモデル）】

要件定義

外部設計

内部設計

プログラム設計

プログラミング

テスト

運用・保守

開発の方向

② 代表的なシステム開発モデル

システム開発の手順に応じてさまざまな開発モデルが存在する。代表的な開発モデルは、以下のとおりである。

【 システム開発モデル 】

名称	特徴
ウォータフォールモデル	システム全体を一括して管理し、計画・設計・プログラミング・テスト・運用をこの順に実施していくモデルである。前の工程に後戻りしないことが特徴である。水が滝を流れ落ちるように開発が進んでいくことから、この名称となった。
プロトタイプモデル	設計段階からプロトタイプ（試作品）を作成して利用者が評価しながら開発を進めていくモデルである。利用者に早いタイミングからシステムのイメージを理解させることができるため、後工程で起こり得る重大な問題を未然に防ぐことが可能である。比較的小規模なシステムの開発に限定される。
スパイラルモデル	設計・開発・テストの一連の開発手順を繰り返し実施し、顧客からのフィードバックをもとに、設計・開発を繰り返していく手法である。上記2つのモデルの長所を合わせたモデルである。

【 システム開発モデル（プロトタイプモデル）】

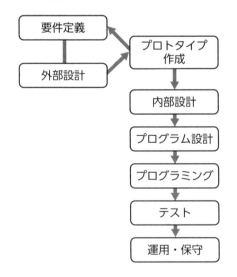

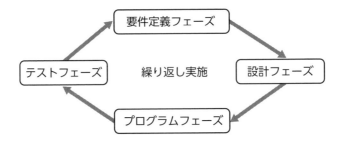

【 システム開発モデル（スパイラルモデル）】

要件定義フェーズ

テストフェーズ　　繰り返し実施　　設計フェーズ

プログラムフェーズ

- 要件定義において、利用者が求めるシステムに対する要求をまとめる工程を「要求定義」として区別する場合もある（要求定義という用語を知っておく程度でよい）。
- ウォータフォールモデルは、単純な開発工程のためプロジェクト管理がやりやすくなるが、前工程に戻れないなど柔軟性に欠ける開発モデルである。
- RAD（Rapid Application Development）は、すべてのフェーズを、利用者を含む少人数のチームで担当し開発期間を短縮する方法である。

過去問　令和4年度　第13問　システム開発
　　　　令和元年度　第17問　システム開発

A 論点4　開発アプローチとモデリング技法

ポイント

> システム開発を行う場合、システム化の対象となる業務を分析する必要がある。業務プロセスや業務データを図式化することで分析を行う。

1 開発アプローチ

システム化の対象となる業務を分析する際のアプローチ方法として、何に着目するかによってアプローチ方法が異なる。代表的な開発アプローチとして3つ存在する。

【 代表的な開発アプローチ 】

名称	特徴
POA	Process Oriented Approach：プロセス指向アプローチ 業務上の処理を中心にシステムを設計するアプローチ方法である。業務を何らかの入力（書類など）を受け取りそれに処理を加えて出力を生成するものと捉えてシステムを設計する。 DFD (Data Flow Diagram) を使って業務の流れを表現する。
DOA	Data Oriented Approach：データ指向アプローチ 業務で扱うデータの構造や流れに着目しシステムの設計を行うアプローチ方法である。企業で扱うデータの統一的なデータベースを作り、一元化することで個々のシステム設計をシンプルにするというアプローチである。E-Rモデルを使って分析・設計をしていく。
OOA	Object Oriented Approach：オブジェクト指向アプローチ データと手続き両方に着目して分析・設計をするアプローチ方法である。オブジェクトとは、データと手続きを一体化したものである。UMLを使って分析・設計をしていく。

【 オブジェクト指向アプローチの主な用語 】

名称	特徴
クラス	カプセル化する上でのひな型。オブジェクト内部で取り扱うデータの名称やデータ型・データ構造、アクセス可能な範囲を定義し、手続き（メソッド）の名称、引数、処理内容の詳細、アクセス範囲を記述したものである。
カプセル化	データと手続き（メソッド）を一体化することである。

インヘリタンス (継承)	上位クラスで定義したデータや手続き (メソッド) を下位クラスでも利用できることである。図の例では、サブクラスのキャンペーンＡクラスは、属性を明示しなくてもＡ社の会員属性を持つことになる。
ポリモルフィズム (多相性)	行動学習モデルの教師あり学習。データ分析からフィードバックを受け取り、ユーザーを最適な結果に導く。たとえば、チャットボットとのやり取りの後に教示される「役に立ちましたか」のボタンなどがそれである。

【 カプセル化の例 】

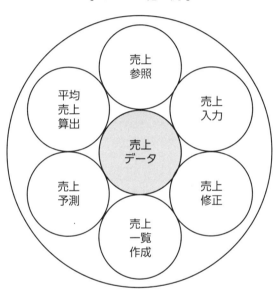

【 インヘリタンスの例 】

スーパークラス

Ａ社の顧客クラス
属性：Ａ社の会員

サブクラス

キャンペーンＡクラス
属性：キャンペーンＡを応募

キャンペーンＢクラス
属性：キャンペーンＢを応募

② モデリング技法

　システム開発の設計をするうえで、業務プロセスや業務データなどを図式化する。図式化をする際に利用する技法がモデリング技法であり、図式化の図形やルールを定義している。

【 モデリング技法 】

名称	特徴
DFD	Data Flow Diagram システム間のデータの流れを示す図式化技法である。データを発生・吸収・処理・蓄積するシステムの間を、データの流れを示す矢印でつないで作成する。データの流れを視覚的に把握することができる。
E-Rモデル	Entity-Relationship model データを「実体」(entity)と「関連」(relationship)、「属性」(attribute)という3つの構成要素でモデル化する技法である。データベースを設計する際などに広く用いられている。
UML	Unified Modeling Language オブジェクト指向のシステム開発における、プログラム設計図の統一表記法である。11種類のモデル化技法が定義されている。ユースケース図やクラス図、オブジェクト図などがある。

【 DFDの例 】

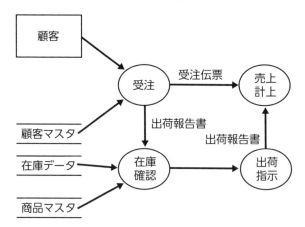

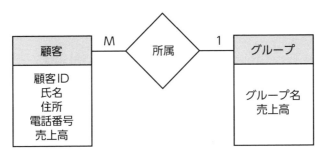

【 E-R モデルの例 】

過去問

B 論点5 レビュー、ソフトウェアの再利用、新しいプロセス

ポイント

システム開発の過程において関係者で設計書やソースコードの評価を行うことをレビューという。また、システム開発において、近年ではアジャイル開発プロセスも取り入れられるようになっている。

🔳 レビュー

レビューは、システム開発フェーズの次フェーズに移るタイミングで必ず実施される。レビューによって各フェーズの終了判定を行う。

【 代表的なレビュー技法 】

名称	特徴
ウォークスルー	開発プロジェクトのメンバが一堂に会し、仕様や構成の問題点を探したり解決策を討論したりする作業のことである。設計上の誤りを早期に発見し、品質の向上を図ることを目的としている。
インスペクション	レビューの開催責任者をおき、仕様書やソースコードなどの成果物を人の目で見て不具合や問題点がないかを検証する。ウォークスルーと同じく設計上の誤りの早期発見と品質向上を目的としている。
ラウンドロビン	レビューに参加したメンバが持ち回りでレビュー責任者を務め、全体として作業を均一に分担しレビューを遂行していく方法である。

🔳 ソフトウェアの再利用

過去に開発したソフトウェアを再利用することで、開発の生産性向上や品質向上を図ることができる。

【 ソフトウェアの再利用手法 】

名称	特徴
リバースエンジニアリング	ソースコードを解析し、モジュール間の関係の解明やシステムの基本仕様の分析を行う。リバースエンジニアリングによって、解析対象のソフトウェアと同じものを作り出すことができる。
リエンジニアリング	リバースエンジニアリングによって設計書を再生成し、これを修正して新システムを構築することである。

❸ アジャイル開発プロセス

アジャイル (agile) とは、「俊敏な」という意味の英単語である。アジャイル開発プロセスとは、効率的にシステム開発を可能にする手法のことである。アジャイル開発では、4つの価値を重視している。

① プロセスやツールより人と人同士の相互作用を重視する

② 包括的なドキュメントより動作するソフトウェアを重視する

③ 契約上の交渉よりも顧客との協調を重視する

④ 計画に従うよりも変化に対応することを重視する

❹ XP (エクストリームプログラミング)

XPは、アジャイル開発プロセスの手法の1つである。単純さ、コミュニケーション、フィードバック、勇気の4つの価値を置くソフトウェア開発手法である。

❺ スクラム

スクラムは、アジャイル開発プロセスの手法の1つである。この方法論は「柔軟かつ全人的なプロダクト開発ストラテジーであり、共通のゴールに到達するため、開発チームが一体となって働くこと」とされる。具体的には、開発の計画をメンバーで緻密に話し合い、プロジェクトの進行に問題がないかを確認しあいながら進めることで、リリースできないという事態を回避する。

追加 ポイント

- ・XPでは、4つの価値を5つの基本原則として具体化している。具体的には、①素早いフィードバック、②単純さの採用、③インクリメンタルな変更、④変化を取り込む、⑤質の高い作業、である。
- ・XPでは、12のプラクティス (実践項目) を定義している。

過去問　令和3年度　第18問　XP
　　　　令和元年度　第5問　ソフトウェアの再利用

B　論点6　プロジェクト管理

ポイント

システム開発は、決められた品質の情報システムを、決められた金額の範囲内で、決められた期間内に完成させるため、プロジェクト単位でチームを組んで行われる。したがって、プロジェクトを正しく管理することが重要である。

1 プロジェクト管理（プロジェクトマネジメント）

プロジェクトとは、「独自の製品やサービスを創出する有期限の活動」と定義されている。情報システム稼働時のトラブルを未然に防止し、プロジェクトを成功させるためプロジェクト管理に対する重要性が高まっている。プロジェクト管理手法のデファクトスタンダードとしてPMBOKがある。

2 PMBOK（Project Management Body of Knowledge）

PMBOKは、米国プロジェクトマネジメント協会（PMI）が提唱している、プロジェクトマネジメントの標準的な知識体系である。プロジェクトマネジメントにおけるデファクトスタンダードであり、情報システム開発プロジェクトにおいて多くの企業が導入している。PMBOKでは、8つのマネジメント項目と、それを統合的に管理する統合マネジメントの9つの知識エリアで構成される。

【 PMBOKの9つの知識エリア 】

名称	特徴
統合マネジメント	プロジェクト計画の策定や実施、変更管理全般を指す。
スコープ	プロジェクトの目的とその範囲を決め、管理を行う。
タイムスケジュール	プロジェクトが期間内に完了するように、作業単位や作業順序の計画や管理を行う。
コスト管理	プロジェクトに必要なコストの見積もりや予算配分計画を行い、コストの管理を行う。
品質管理	プロジェクトの品質計画を行い、品質を実現するよう管理を行う。
人的リソース管理	プロジェクト組織の構成や役割分担を決め、必要な要員を確保し、プロジェクトチームが最大限稼働するように管理を行う。

コミュニケーション	プロジェクトに必要なコミュニケーションの計画を立て、情報配布や実績報告、完了報告などが円滑に行えるよう管理を行う。
リスク管理	プロジェクトにおけるリスクの識別、定量化、対応策を策定し管理を行う。
調達管理	外部組織から製品やサービスを調達するための計画を立て、管理を行う。

3 プロジェクト計画

　プロジェクトにおける開発規模や開発期間を把握するためにプロジェクト計画を実施する。プロジェクト計画を行う代表な手法には、WBSとガントチャートがある。

【 プロジェクト計画の代表的な手法 】

名称	特徴
WBS	Work Breakdown Structure プロジェクト全体を細かい作業に分割した構成図。作業分解図などとも呼ばれる。プロジェクトの成果物をできるだけ細かい単位に分解する。最下層の作業をワークパッケージと呼び、ワークパッケージに担当する人員を配置する。WBSをきっちり作成することで、プロジェクト管理が容易になる。
ガントチャート	横軸に日時 (時間)、縦軸に作業項目や人員を書き、作業別に作業内容と実施期間を棒状に図示したものである。各作業の計画と実績の把握がわかりやすくなる一方で、作業の相互関係を表すことが困難で、ある作業の遅れが全体にどのような影響があるかを把握しにくい。

【 WBS 】

大項目	中項目	担当者
1. プロジェクトマネジメント		
	1.1 プロジェクト計画作成	山本
	1.2 セッションマネジメント	山本
	1.3 マネジメント全般	山本
	1.4 プロジェクトレビュー	山本
2. 要件定義		
	2.1 要件インタビュー	山本、田中
	2.2 要件定義書	田中
3. システム設計		
	3.1 機能設計	田中
	3.2 セキュリティ設計	田村
	・・・・・	

【 ガントチャート 】

上段：計画、下段：実績	1月	2月	3月	4月
1.1 プロジェクト計画作成				
	■			
1.2 セッションマネジメント				
	■	■		
1.3 マネジメント全般				
	■	■		
1.4 プロジェクトレビュー				
		■	■	
2.1 要件インタビュー				
2.2 要件定義書				
3.1 機能設計				
3.2 セキュリティ設計				
・・・・・				

４ 開発見積もり手法

　システム開発をするうえで、開発するシステムと規模と開発費用を見積もることが重要となる。予算の見積もりはできるだけ正確に予測することが重要であるが、システム開発ではスタート当初は不透明な部分も多く、見積もりの精度は低くなる。したがって、予算の見積もりリスクは開発工程の後になるほど、小さくなる。できるだけ正確に予算見積もりを行うために、複数の見積もり手法が確立されている。

【 システム開発の見積もり手法 】

名称	特徴
COCOMO	Constructive Cost Model 開発が予想されるプログラム行数に補正計数 (ソフトウェアの生産性に影響を与えるさまざまな要因を明らかにしたうえで算出する計数)を乗じて必要な工数や期間を見積もる手法である。プログラム言語の違いに左右されないメリットはあるが、初期段階の見積もりには使用できないデメリットがある。
ファンクションポイント法	開発するソフトウェアが必要とする機能 (ファンクション) に基づいて、規定の方法でシステムの開発規模を見積もる手法である。画面や帳票といったユーザがわかりやすい単位で見積もるため、ユーザからの理解が得やすい。ただし、規定の方法を定めるためのデータの蓄積が必要である。
類推法 (CoBRA法など)	過去の類似システムの実績に基づいて、開発システムの規模の見積もりを類推する方法である。

(次ページにつづく)

EVM	アーンド・バリュー分析 (EVM：Earned Value Management) は、プロジェクトにおける作業を金銭の価値に置き換えて定量的に実績管理をする進捗管理手法で、当初予算であるBACと、出来高に関するPV、EV、ACという3つの指標を用いる。 ・BAC (Budget at Completion) 　完了までの当初予算。 ・PV (Planned Value) 　プロジェクト開始当初、現時点までに計画されていた作業に対する予算。 ・EV (Earned Value) 　現時点までに完了した作業に割り当てられていた予算。 ・AC (Actual Cost) 　現時点までに完了した作業に対して実際に投入した総コスト。 ・完成時総コスト見積り (EAC：Estimate At Completion) 　完了済作業に要した総コスト (AC) に残作業に要するコスト (ETC：Estimate To Complete) を足した、プロジェクト終了時の総コストの予測値。 　公式は以下のとおり。 　完成時総コスト見積り (EAC) ＝AC＋ETC 　残作業のコスト見積り (ETC) ＝ (BAC－EV) ÷CPI 　コスト効率指数 (CPI) ＝EV÷AC
PERT	Program Evaluation and Review Techniqueの略で、プロジェクトマネジメントのモデルの一種であり、プロジェクトの完遂までに必要なタスクを分析する手法である。

追加 ポイント

・COCOMO II とは、COCOMOにファンクションポイント法の概念を取り入れて、より正確にシステム規模を見積もるための手法である。
・EVM (Earned Value Management) は、作業の到達度を金銭などの価値に換算しプロジェクトの進捗状況の把握・管理を行う手法である。

A 論点7　システムテスト・導入支援

ポイント

開発したシステムが、設計どおりに稼働するかを確認するために必ずテストを実施する必要がある。システムテストは、システムの目的や性能などの面からシステム全体を総合的に確認するテストである。

■ テスト方法

　テストは、システム開発フェーズで決めた仕様や性能を満たしているかどうかの視点で実施していく。したがって、システム開発フェーズと対応した形で各種テストを実施していく。

【 テストの流れと開発フェーズとの対応 】

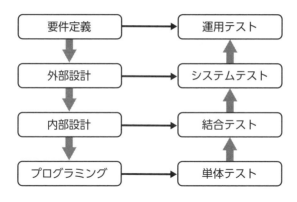

【 テスト方法 】

名称	特徴
単体テスト	個々のモジュール (部品) のみを対象としたテストである。対象のモジュールが仕様書で要求された機能や性能どおりにプログラミングされているかをテストする。開発者が主体で実施する。
結合テスト	複数のモジュール (部品) を組み合わせて行うテストである。モジュールを組み合わせた際に、内部設計で設計されたとおりに動作するかをテストする。

システムテスト	システム全体を対象に実施するテストである。本番に近い環境で行われ、システムが全体として要求された仕様のとおりに動作するか、性能は十分かなどを検証する。
運用テスト	システム開発の最終段階で、実際の業務に即した利用を行い問題なく動作するかを確認するテストである。ユーザが、納品を受託するかどうかを判定する受入テストを兼ねる場合もある。利用者が主体で実施する。

❷ テストケースの設計方法

　実際にテストを実施する場合は、事前にテストケースを作成する必要がある。テストケースは、入力値と期待される出力値の組み合わせで構成される。テストケースの設計方法は次の2種類に分けられる。

【 テストケースの設計方法 】

名称	特徴
ホワイトボックステスト	プログラムの内部構造に着目してテストケースを設計する方法である。単体テストで使用する。
ブラックボックステスト	プログラムの外部仕様（システム仕様）に着目してテストケースを設計する方法である。結合テスト以降で使用する。

　ホワイトボックステストでは、内部構造に着目してテストケースを作成するため、内部構造に沿ったテストケースを作成する必要がある。具体的には、プログラム内に分岐があった場合は、すべての分岐を通るようなテストケースを作成する。次ページの図では、AとBがイコールとなる場合（処理aが実行される）と、AとBとがイコールとならない場合（処理bが実行される）の2パターンのテストケースを作成してテストを実施する。その際、それぞれの処理a、処理bが想定の結果を出せばホワイトボックステストは異常なしと判断できる。

【 ホワイトボックステスト 】

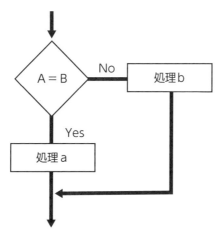

　ブラックボックステストは、入力と出力に関するテストケースを設計する。
具体的には、ある1桁の数字2つを入力するとその和が出力されるプログラム
があった場合に、次のようなテストケースを作成する。

　正常データの組み合わせ (9, 9)

　異常データの組み合わせ (9, 10)、(10, 9)、(10, 10)

　テストケースは、主として境界値のデータを抽出する。

【 ブラックボックステスト 】

❸ 結合テスト

　結合テストでは、複数のモジュールを結合したテストを実施する。その場合、
2つの方法がある。

①トップダウンテスト

　上位のモジュールに下位のモジュールを結合させていくテスト方法である。下位モジュールがすべてそろわない場合は、テスト用のモジュールのスタブを用意して実施する。

【 スタブの概念図 】

②ボトムアップテスト

　下位のモジュールに上位のモジュールを結合させていくテスト方法である。結合する上位モジュールが作成されていない場合は、テスト用のモジュールのドライバを用意して実施する。

【 ドライバの概念図 】

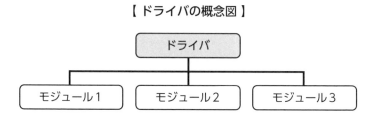

③ビッグバンテスト

　複数のモジュールを結合させたプログラムを、すべてのモジュールを組み合わせてから一気に動作検証する方法。基本的に、それぞれのモジュールは単体テストを完了している必要がある。大規模なシステムで行うと問題点の特定が難しいため、小規模なシステムで用いられる。

④回帰テスト（別名：退行テスト、リグレッションテスト、無影響確認テスト）

　プログラムを変更した際に、その変更によって予想外の影響が現れていないかどうか確認するテスト。大規模なプログラムでは、各部分のプログラムが複雑に関係しあっているために、ある部分に加えた修正が一見何の関係もない部

分に影響して誤動作を引き起こすことがあるため、必ず実施する必要がある。

論点8 情報システムの運用管理

ポイント

システム運用とは、システムが正常に稼働し続けられるような状態を維持することである。システムの正常な状態を維持するために、さまざまなガイドラインが定義されている。

1 システム運用に関わるガイドライン

システム運用に関わる主なガイドラインは、以下のとおりである。

【 システム運用に関わる主なガイドライン 】

名称	特徴
ISMS	Information Security Management System (情報セキュリティマネジメントシステム) 企業などの組織が、情報を適切に管理し、機密を守るための包括的な枠組みである。日本では、ISMS適合性評価制度として運用されている。個別の問題毎の技術対策の他に、組織マネジメントとして、自らのリスク評価により必要なセキュリティレベルを決め、プランを持ち、資源配分して、システムを運用することと定義されている。
ITIL	IT Infrastructure Library コンピュータシステムの運用・管理業務に関する体系的なガイドラインである。ITILでは、コンピュータシステムとその運用管理をITサービスと捉え、サービスを要求に応じて適切に提供すること、高い投資対効果で継続的に改善していくことを目指している。この視点から、運用管理業務をサービスサポートとサービスデリバリーの2つに分けて考えている。
SLA	Service Level Agreement サービス事業者が、利用者にサービス品質を保証する制度である。SLAは、経済産業省により「情報システムに係る政府調達へのSLA導入ガイドライン」や「SaaS向けSLAガイドライン」で策定・公表されている。 「SaaS向けSLAガイドライン」では、SaaSにおけるサービスレベルを評価するため、以下の4項目を定義している。 ① アプリケーション運用：可用性、信頼性、性能、拡張性に関する項目である。 ② サポート：障害対応や問い合わせ対応に関する項目である。 ③ データ管理：利用者データの保証に関する項目である。データバックアップも含まれる。 ④ セキュリティ：システムのセキュリティに関する項目である。

SLM	Service Level Management SLAによって決められた内容を達成するためにPDCAサイクルを回して、サービスレベルの維持あるいは継続的な品質向上を図るマネジメント活動のことである。

追加 ポイント

ガイドラインについては、範囲が膨大な一方で試験対策が取りにくい範囲であるため、詳細な内容までは学習する必要はない。本論点にて扱っている基本的事項をしっかりと押さえておく程度でよい。

A **論点9** セキュリティとリスク管理①－脅威と対策

ポイント

> インターネットに接続されたシステムは、さまざまな脅威にさらされている。したがって、適切なセキュリティ対策を実施する必要がある。具体的なセキュリティ対策には、ファイアウォールやDMZ、IDSなどがある。

1 システムを取り巻く脅威

インターネットに接続されたシステムは、さまざまな脅威にさらされている。具体的には以下のような脅威が存在する。

【 システムを取り巻く具体的な脅威 】

名称	特徴
盗聴	通信やデータを第三者が傍受することである。
侵入	アクセス権限を持たない者が無断でシステムにアクセスすることである。
なりすまし	本人でない者が、本人としてシステムを利用することである。
改ざん	システムの管理データを、本来の内容から別の内容に書き換えることである。
破壊	データの消去やシステムダウンを起こさせることである。

このような脅威をさまざまな攻撃手法により実現することができる。

【 具体的な脅威を起こす攻撃手法 】

名称	特徴
コンピュータウイルス	コンピュータウイルスは、さまざまな経路を使いコンピュータに感染し、データを破損させたり、コンピュータの機能を停止させたりするソフトウェアである。具体的には、以下の3つの機能を持つ。 ①感染：他のプログラムにウイルスを複製する ②潜伏：一定の条件がそろった後に発病する ③発病：データ破損など悪質な行動をする
マルウェア	コンピュータウイルスに代表される、悪意を持ったソフトウェアの総称のことである。

ランサムウェア	マルウェアの一種である。感染すると、勝手にデータの暗号化などを行い、ユーザがデータにアクセスできないようにする。その後、データを元に戻すための代金を請求する。
スパイウェア	コンピュータ内部からインターネットに個人情報などを送り出すソフトウェアの総称のことである。
ガンブラー	ウェブサイト改ざんと感染型ウイルスを組み合わせた攻撃手法のことである。攻撃者は、まずウェブサイトを改ざんした後、改ざんされたウェブサイトを見た一般ユーザがウイルスに感染する仕組みである。
クロスサイトスクリプティング	ウェブサイトの脆弱性を利用した攻撃の1つである。攻撃者は、ウェブページに不正なスクリプトを埋め込み、ウェブページの利用者にスクリプトを実行させることで情報漏えいを起こさせる。
SQLインジェクション	ウェブアプリケーションの脆弱性やサーバソフトウェアの脆弱性を悪用して、サーバ内の個人情報を取得する攻撃である。
フィッシング詐欺	実在する企業や団体を装ってメールを送信し、受信者個人のクレジットカード番号、ID、パスワードなどを不正に入手する行為のことである。
バックドア	コンピュータへの侵入者が、通常のアクセス経路以外から侵入するために組み込む裏口のようなアクセス経路のことである。侵入者は、バックドアを確保することによって、コンピュータの管理者に気づかれないようにして、コンピュータに何度でも侵入する。
ソーシャルエンジニアリング	盗み見など人間の心理的な弱点を突く攻撃である。物理的・人的手口によって重要な情報を入手し、その情報を悪用する。
ブルートフォースアタック(総当たり攻撃)	暗号やパスワードを解読する手法の1つで「総当たり攻撃」と呼ばれ、考えられるすべてのパターンを入力し解読する方法である。

🢒 リスク対応

リスク対応とは、リスク評価の作業で明確になったリスクに対して、どのような対処を、いつまでに行うかを明確にすることである。対処の方法には、大きく分けて「リスクの低減」「リスクの保有」「リスクの回避」「リスクの移転」の4つがある。

【 リスク対応 】

名称	特徴
リスク低減	脆弱性に対して情報セキュリティ対策を講じることにより、脅威発生の可能性を下げること。情報漏えいなどに備えた保存する情報の暗号化や、サーバ室への不正侵入に対してバイオメトリック認証技術を利用した入退室管理を行うなどがある。
リスク保有	リスクの影響力が小さいため、許容範囲内として受容すること。「許容できるリスクのレベル」を設定し、対策が見当たらない場合や、コスト（人、物、金等）に見合わない場合等にリスクを受容する。
リスク回避	脅威発生の要因を停止あるいは全く別の方法に変更することにより、リスクが発生する可能性を取り去ること。リスクを保有することによって得られる利益に対して、保有することによるリスクのほうが極端に大きな場合に有効である。
リスク移転	リスクを他社などに移すこと。保険加入や他社への業務委託や契約による損害賠償などがある。しかし、リスクがすべて移転できるとは限らず、多くの場合、金銭的なリスクなど、リスクの一部のみが移転できる。

🢓 ネットワークセキュリティ

システムを取り巻く脅威から身を守るために、ネットワークセキュリティのための対策手法がさまざま存在する。これらの対策を適切に組み合わせて、システムに対するセキュリティを強化する。

【 ネットワークセキュリティ 】

名称	特徴
ファイアウォール	インターネットから内部のネットワークに侵入されることを防ぐシステムである。
DMZ	Demilitarized Zone インターネット、内部ネットワークから隔離された区域のことである。インターネットに公開するサーバは、DMZに設置することが望ましい。

VPN	Virtual Private Network インターネット上に構築する仮想LAN環境。通信内容の盗聴に対する対策となる。
侵入検知システム (IDS)	Intrusion Detection System ネットワーク状況を監視し、不正な通信が発生した場合に検知・通知するシステムである。
IPフィルタリング／ルーティング	ルータなどのネットワーク機器にてIPアドレスによるフィルタリングやルーティング設計を行うことで最適な通信経路を選択させること。これにより、不適切な通信を遮断しセキュリティ強化ができる。

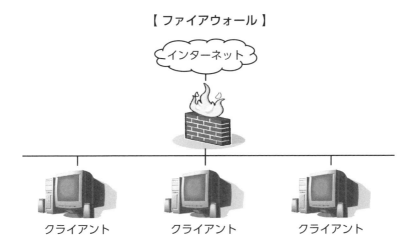

【 ファイアウォール 】

【DMZ】

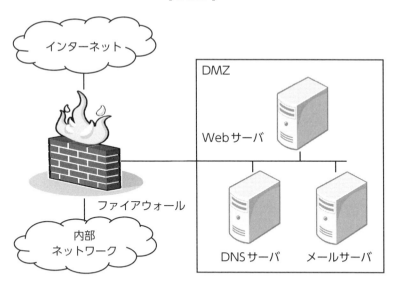

【VPNの構成】

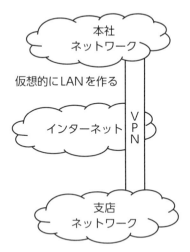

❹ 認証

　システムを利用するユーザが間違いなく本人かどうかを確認する方法をユーザ認証という。システムを取り巻く脅威に対する対策として、システムに認証の仕組みを取り入れることは必須である。認証の種類は以下のとおり。

【 認証の種類 】

名称	特徴
ID／パスワード	IDと本人しか知らないパスワードを利用した一般的な認証方式である。他人にID／パスワードが知られた場合に、本人になりすましてシステムを利用される可能性がある。
ワンタイムパスワード	ID／パスワードの認証方式で、パスワードに1回しか利用できないランダムな文字列（チャレンジ値）を使用する認証方式である。パスワードが一度しか使用できないため、なりすましてシステムを利用される可能性は極めて低くなる。
コールバック	電話回線などからリモートアクセスを使用する際に、一度クライアント側がサーバを呼び出し、サーバから発信を求めて接続すること方法である。コールバックされない場合は、アクセスはできない。
RADIUS	ダイアルアップ接続で利用される認証システムである。クライアントは、暗号化されたパスワードをRADIUSサーバに送ることで認証される。RADIUSサーバでは、認証データを持つだけでなく利用制限時間などの各種情報を一元的に管理できるサーバである。
シングルサインオン	ユーザの利便性向上のために、システムごとにバラバラに管理されたIDやパスワードを一元管理し、一度認証を受ければすべてのシステムを利用できるようにする仕組みである。
電子署名 （デジタル署名）	送信相手の正当性と、送られてきた情報の改ざんの有無を確認するための認証技術である。
二段階認証／ 二要素認証	二段階認証は、情報システムなどで利用者の認証を行う際に、異なる2つの情報や方式を用いた認証を組み合わせる方式。例として、従来のID／パスワードの認証方式に、認証コードを要求しユーザを認証する方式などがある。認証コード（セキュリティコード）は予め登録された携帯電話に音声やメールなどで通知するため、ID・パスワードが盗まれた場合にでも、認証コードが届かない第三者による不正ログインを防止することができる。二要素認証は、この二段階認証の認証要素として、認証の三要素（知識、所有、生体）のうち二要素を組み合わせたものである。

ハードウェアトークン	ユーザ認証の助けとなるようパスワードを与える物理デバイスである。キーホルダタイプ、カードタイプ、USBタイプなどがある。
生体認証 (バイオメトリクス認証)	個人認証の方式の一種であり、指紋や声、静脈、瞳の虹彩などの生物個体の特性を利用した認証の仕組みのことである。パスワードなどを覚える必要がないため利便性が高く、なりすましによる不正アクセスが極めて困難なためセキュリティも高いことが特徴である。ただし、事故などによる身体の欠損時には認証が困難であることや、認証精度の調整 (他人受入率や本人拒否率) が難しい点が課題となることが多い。
リスクベース認証	システムの利用者を認証するユーザ認証の手法の1つで、利用者が普段と違う行動を取った場合のみ追加の認証を要求する方式。利用者の負担を抑えつつパスワードなど秘密の情報の漏洩によるなりすましを防止することができる。具体的には、端末の情報やアクセス元のIPアドレス、位置情報、曜日や時間帯などの行動パターンを記録し、認証時これらの情報を過去の行動履歴に照らし合わせ、普段のパターンから著しく外れた不審な相手に対しては、パスワードが合致していてもなりすましを疑い追加の認証を要求する。

【 ワンタイムパスワード認証 】

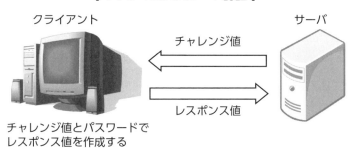

チャレンジ値とパスワードで
レスポンス値を作成する

【 コールバック認証 】

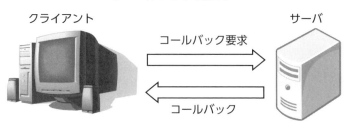

【RADIUS認証】

クライアント　　　　　　　　　　　　　RADIUSサーバ

ログイン情報

5 新しいタイプの攻撃と出口対策

　従来のセキュリティ対策は組織の内部まで入り込むのを防ぐ対策がほとんど
であった。近年、攻撃の手口が巧妙になり、標的型攻撃に代表されるメールや
外部メディア等で組織内部の社員の端末に入り込むような攻撃が増えてきたた
め、従来の入口対策に加え、出口対策の重要性が増してきている。

【出口対策のイメージ】

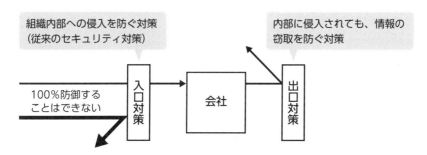

組織内部への侵入を防ぐ対策
（従来のセキュリティ対策）

内部に侵入されても、情報の
窃取を防ぐ対策

100％防御する
ことはできない

入口対策

会社

出口対策

6 標的型攻撃

　新しいタイプの攻撃の代表が標的型攻撃である。マルウェアなど無差別に行
われる攻撃とは異なり、対象の組織や個人に特有の情報を積極的に攻撃するこ
とが多い。たとえば、社内セキュリティ対策の件名や本文、偽装された送信元、
添付ファイル名などに、対象と関わりのある実在の社内や取引先の人名を記し、
対象者の油断を誘って感染させるといった手法がよく用いられる。

【標的型攻撃のイメージ】

社内や取引先企業
など関係者を装い
メールを送付

社内セキュリティ対策について

各位
全部署、至急対応をお願い
します。
情報管理システム部

PDF

文章ファイルに
ウイルスが仕込
まれている

■攻撃の流れ例
1.標的の組織の情報を事前に
　調査
2.標的型攻撃で初期潜入
3.バックドア通信経路を確保
　し、攻撃基盤を確保
4.攻撃基盤からシステム調査
5.攻撃最終目的の遂行
など、段階的に攻撃する

7 新しいタイプの攻撃の出口対策

　新しいタイプの攻撃により脅威がシステム深部に侵入した場合でも、外部攻撃サーバとの通信を絶つことによって実害を回避することが可能になる。

　IPA（独立行政法人情報処理推進機構）より、具体的に以下の設計対策が示されている。

・httpバックドア検知遮断
・RATの内部proxy通信（CONNECT 接続）の検知遮断
・サーバセグメントへのhttpバックドア開設防止
・重要攻撃目標サーバの防護
・ウイルスの内部拡散防止（内部拡散監視など）
・ローカルセグメント内感染拡大後のP2Pによる機能更新等防止

論点10　セキュリティとリスク管理②－暗号化

ポイント

インターネットなどを通じてデータをやり取りする場合、第三者に通信内容を盗聴されたり改ざんされたりする恐れがある。こうした脅威への対策として通信の暗号化がある。

① 通信の暗号化

　通信の暗号化は、鍵を用いて実施する。2つの鍵を使う方式を公開鍵暗号化方式、1つの鍵を使う方式を秘密鍵暗号化方式（共通鍵暗号化方式）という。

【 暗号化の方式 】

名称	特徴
秘密鍵暗号化方式	暗号化/復号化に同じ鍵を用いる暗号化方式である。 代表的な方式は、DESである。
公開鍵暗号化方式	対になる2つの鍵を使ってデータの暗号化と復号化（暗号を解除すること）を行う暗号化方式である。具体的には、公開鍵を使って暗号化を行い秘密鍵を用いて復号化を行う。公開鍵は鍵の持ち主以外にも公開し、秘密鍵は鍵の持ち主だけが保有する。したがって、鍵の持ち主は秘密鍵だけを他人に知られないように管理する。公開鍵で暗号化したデータは、ペアとなる秘密鍵でのみ復号化できる。送り手は受け手の公開鍵で送信情報を暗号化し、受け手は受け手の秘密鍵で情報を復号化する。受け手の公開鍵で暗号化した送信情報は、受け手の秘密鍵でのみ復号できるため、データの盗聴を回避できる。 代表的な方式は、RSAである。
ハイブリッド方式	公開鍵暗号化方式を使用して共通鍵を共有し、それ以降のやり取りは共通鍵暗号化方式を利用して通信を行う。共通鍵暗号化方式の処理が高速な点と、公開鍵暗号化方式の鍵の管理・配布が容易という利点を組み合わせている。

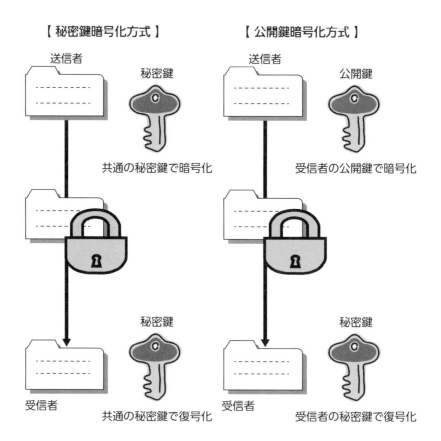

【 秘密鍵暗号化方式 】　　　【 公開鍵暗号化方式 】

送信者　　　　　　　　　　　送信者

秘密鍵　　　　　　　　　　　公開鍵

共通の秘密鍵で暗号化　　　　受信者の公開鍵で暗号化

秘密鍵　　　　　　　　　　　秘密鍵

受信者　　　　　　　　　　　受信者

共通の秘密鍵で復号化　　　　受信者の秘密鍵で復号化

【 ハイブリッド方式 】

送信者

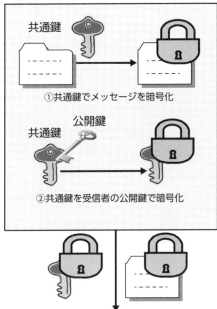

①共通鍵でメッセージを暗号化

②共通鍵を受信者の公開鍵で暗号化

③メッセージと暗号化した共通鍵を送る

受信者

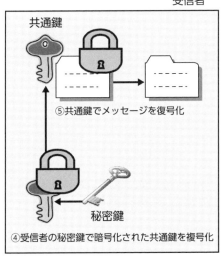

⑤共通鍵でメッセージを復号化

④受信者の秘密鍵で暗号化された共通鍵を複号化

2 デジタル署名

　デジタル署名は、文章の正当性を保証するために付与される暗号化された署名情報である。公開鍵暗号化方式を応用したもので、文章の送信者を証明し、その文章が改ざんされていないことを保証する。

　具体的には、送信者は送信者の秘密鍵で文章を暗号化し受信者へ送信する。受信者は、送信者の公開鍵で復号化する。

3 SSL（Secure Socket Layer）

　SSLは、インターネット上で情報を暗号化して送受信するプロトコルである。公開鍵暗号化方式、秘密鍵暗号化方式、デジタル署名、ハッシュ関数などのセキュリティ技術を組み合わせ、データの盗聴や改ざん、なりすましを防ぐ。

　具体的にはHTTPやFTPなどのデータを暗号化して利用する。

【 SSLを利用したプロトコル 】

名称	特徴
HTTPS	HTTP over SSL。HTTP通信をSSLで暗号化したものである。
FTPS	FTP over SSL。FTP通信をSSLで暗号化したものである。
POP3S	POP over SSL。POP通信をSSLで暗号化したものである。
SMTPS	SMTP over SSL。SMTP通信をSSLで暗号化したものである。

追加 ポイント

EV SSL（Extended Validation SSL）とは、盗聴、なりすまし等を回避するため、通信相手の認証機能を強化した仕組みである。

過去問　令和元年度　第19問　暗号化方式

論点11　品質評価・価値評価

ポイント

情報システムは、経営戦略と整合をとったシステムである必要がある。経営戦略との整合性が図れているかを評価するための方法として、ファンクションポイント法やスコアリングモデルなどがある。

１ 情報システムの評価

　情報システムは、QCDの観点から品質、コスト、納期といったさまざまな角度から評価される。

① 情報システムの品質に対する評価

- 経営方針・経営戦略と合致したシステムであるか
- 経営課題を解決するシステムであるか
- 利用ユーザの声が反映されたシステムであるか
- 想定する環境で運用可能なシステムであるか
- 技術的な妥当性があるシステムであるか

② 情報システムのコストに対する評価

- 投資額が導入効果に見合うシステムであるか
- 予定投資額以内でプロジェクトを遂行しているか

③ 情報システムの納期に対する評価

- プロジェクトのスケジュールは妥当であるか
- 予定通りのスケジュールでプロジェクトは進んでいるかどうか
- システムを求める期日にリリースさせることができるか

２ 情報システムの評価方法

　情報システムを評価する主な評価方法として次のものがある。

【 情報システムの評価方法 】

名称	特徴
ファンクションポイント法 (FP法)	システムの持つ機能の数をもとに、開発コストを評価する方法である。以前は、プログラムの行数でソフトウェアの規模を表してきたが、FP法の登場で以前より客観的・定量的にソフトウェアの規模を算出することができるようになった。
スコアリングモデル	定性的な評価項目に重み付けをし、1つの数式で表現し定量化する方法である。
バランススコアカード (BSC)	ITシステムを4つの視点から総合的に評価する方法である。具体的には、財務、顧客、業務プロセス、学習と成長の4つの視点のそれぞれについて評価する。

3 情報システムの代表的な費用

　情報システムに必要な費用は、初期費用、運用費用がある。また、近年では、TCOが注目されている。

【 情報システムの代表的な費用 】

名称	特徴
初期費用	情報システムの導入時に最初にかかる費用である。具体的には、ハードウェア費用、ソフトウェア費用、コンサルタント費用、システム開発費などである。
運用費用	情報システムの導入後に定期的または一時的にかかる費用である。具体的には、ハードウェア保守費用、ソフトウェア保守費用、通信費、回線費用、システム保守費用、データセンター費用などである。
TCO	TCO (Total Cost Ownership) とは、コンピュータシステムの導入、維持・管理などにかかる費用の総額のことである。近年、コンピュータシステム導入後に必要なコストが相対的に大きくなってきたため注目されている。

過去問　令和元年度　第21問　バランススコアカード (BSC)

B **論点12** 問題分析・意思決定技法

> データウェアハウスは、蓄積されたデータを意思決定支援に用いるデータ
> ベースのことである。データウェアハウスの代表的な手法として、データ
> マイニングやOLAPなどがある。

■ データマイニング

　企業に大量に蓄積されるデータを解析し、その中に潜む項目間の相関関係や
パターンなどを探し出す技術である。小売店の販売データや電話の通話履歴、
クレジットカードの利用履歴などの生データを解析し、潜在的な顧客ニーズな
どを解析する。販売予測、販売分析、顧客分析、需要予測などに利用する。

　たとえば、スーパーの販売データをデータマイニングで分析することで、「ビー
ルを買う客は一緒に紙おむつを買うことが多い」「雨の日は肉の売上が良い」など、
項目間の相関関係を見つけることができる。

【 データマイニングで用いるデータ分析手法 】

名称	特徴
ショッピングバスケット分析	相関関係分析ともいう。ある項目とある項目との関係性を導き出す分析手法である。
決定木（ディシジョンツリー）	決定や選択、分類などを多段階で繰り返し行う場合、その分岐の繰り返しを階層化して樹形図に描く分析手法である。
クラスター分析	複数のデータに基づいて、似ているもの同士をグループ化する手法である。
ニューラルネットワーク	脳の情報処理の方法を工学的にモデル化した分析手法である。プログラムによる最適化問題の解法によく用いられる。
遺伝的アルゴリズム	生物の進化における遺伝のメカニズムに似た操作を取り入れたアルゴリズムである。ニューラルネットワークと同様にプログラムによる最適化問題の解法によく用いられる。

❷ OLAP（On-Line Analytical Processing）

　OLAPとは、企業が蓄積したデータベースを多次元的に解析し、視覚化するシステムである。データウェアハウスなどを使って集められた大量の元データを多次元データベースに格納し、さまざまな角度から検索・集計して問題点や解決策を発見する。OLAPを使うことで、顧客の購入履歴を解析し、売上を地域別や製品別、月別などさまざまな次元から瞬時に分析することができる。

　データマイニングが「発見型分析手法」であるのに対し、OLAPは「仮説検証型分析手法」である。

【 3種類のOLAP 】

名称	特徴
M-OLAP	蓄積したデータから生成した要約情報をサーバ側で多次元データベースに格納し、クライアントからの処理要求に応じてデータを切り出して送出する。R-OLAPと比較し、処理速度が速いという利点がある一方、標準化されていないためメーカー間で互換性がないという欠点がある。
R-OLAP	サーバ側のリレーショナルデータベースに格納されたデータを直接検索・集計し、結果をクライアント側で多次元データに構成して視覚化する。
H-OLAP	ハイブリッドOLAPのことで、M-OLAPとR-OLAPの中間的な位置づけである。リレーショナルデータベースに格納されたデータから求めた集計値を、多次元データベースに格納している形態である。多次元データベースにある集計値で要求を解決できる場合には、M-OLAPと同等のレスポンスを発揮する。

追加 ポイント

　OLAPの基本機能である、ドリルダウンとは、データの要約レベルを1つずつ掘り下げて、詳細なデータを表示していく機能である。一方、ドリルアップは、1つずつ要約レベルを上げて、より大まかなデータを表示していく機能である。また、ドリルスルーとは、キューブの集計値のもととなった詳細データを表示する機能である。

過去問
令和5年度　第16問　OLAP
令和3年度　第8問　データベース
令和元年度　第16問　データによる意思決定

A 論点13 計量分析技法

計量分析は統計解析ともいい、需要予測、売上予測など経営において重要な決定をするための判断材料となるデータを分析する方法である。実際の分析には、情報システムを用いて膨大なデータを処理している。

1 現状把握型の統計解析

取得したデータをもとに、現状を把握するための統計解析である。

【 現状把握型の統計解析 】

名称	特徴
相乗平均	顧客数の伸び率や利益率などの比率の平均を求める場合に利用される方法である。幾何平均ともいう。
トリム平均	極端に大きな値や小さな値を除外したうえで平均を計算する方法である。
指数平滑法	時系列データをもとに将来の値を予測する際に利用される方法である。具体的には以下の計算式で表される。 予測値 ＝ 前回予測値 ＋ α ×（前回実績値 － 前回予測値） αは、平滑定数といい $0 < α < 1$ の範囲で設定し、過去の予測値の影響度合いを設定する。

2 仮説検証型の統計解析

取得したデータをもとに、仮説検証をするための統計解析である。検定により行われることが一般的である。

検定とは、ある仮説が正しいかどうかを統計学的に判定するための手法である。たとえば、A社とB社の売上の違いに相関性があるのか、2つのラインの不良品に関連性があるのかなど、母集団に見られる傾向を仮説とし、データからその仮説が成り立つかどうかを判断するために利用する。

【 仮説検証型の統計解析 】

名称	特徴
F検定	2つのデータの分散（データのばらつき）を比較する方法である。
t検定	2つの変数の平均を比較する方法である。

カイ二乗検定	変数間のデータの特徴の比較を行うための方法である。 主に2つの母集団の間の関連性について調べる際に用いる。
分散分析	2つ以上の変数の間に平均の違いがあるか比較するときに使用する方法である。

❸ 多変量解析

多変量解析とは、複数の変数（変量という）からなる多変量データを統計的に扱うための統計手法である。この分析を行うことで、複数の変量間の関係を解き明かすことができる。

【 多変量解析 】

名称	特徴
回帰分析	いくつかの変数を用いて将来の予測値を算出する方法である。 回帰分析には、変数が1つの単回帰分析と、変数が複数の重回帰分析がある。
主成分分析	多変量データを統合し、新たな変数（主成分）を求める方法である。
因子分析	多変量データに潜む共通因子を探り出すための方法である。
判別分析	対象のデータからその対象がどの群に属するかを判別する方法である。
クラスター分析	複数のデータに基づいて、似ているもの同士をグループ化する方法である。
数量化理論	要因から結果を予想する際に用いられる方法である。

追加 ポイント

毎年出題される分野ではあるが、問われる範囲が広く過去問による対策も難しいため、本書に記述の内容に絞った学習をすることをお勧めする。

【 参考文献 】

1. 『コンピュータアーキテクチャの基礎』柴山潔著　近代科学社

2. 『経営情報論 (新版)』遠山暁・村田潔・岸眞理子著　有斐閣

3. 『IT パスポート学習テキスト』浅井宗海・佐藤修著　実教出版

4. 『IT 用語辞典 e-words』HP

5. IPA 独立行政法人情報処理推進機構 HP

索 引

【な行】

【は行】

【 編者 】

中小企業診断士試験クイック合格研究チーム

平成13年度以降の新試験制度に合格し、活躍している新進気鋭の中小企業診断士7名の研究チームであり、2次試験対策で毎年ベストセラーである『ふぞろいな合格答案』の執筆者で占められている。

メンバーは、山本桂史、梅田さゆり、志田遼太郎、中村文香、山本勇介、赤坂優太、大久保裕之。

上記研究チームのメンバーは診断士試験の受験対策だけでなく、企業内での業務改善に取り組んだり、全国各地の創業支援・事業継承・新規事業展開ならびに人事改革のコンサルティングやセミナーなどを通し中小企業支援の現場に携わっている。

本書「経営情報システム」は、赤坂優太により執筆。

本書出版後に訂正（正誤表）、重要な法改正等があった場合は、同友館のホームページでお知らせいたします。

2023年12月10日　第1刷発行

2024年版
中小企業診断士試験 ニュー・クイックマスター
⑥ 経営情報システム

編　者　中小企業診断士試験クイック合格研究チーム
　　　　　　　　　　　　　　　赤　坂　優　太
発行者　　　　　　　　　　　　脇　坂　康　弘

発行所　株式会社 同友館
　　　　　　　　　　　〒113-0033 東京都文京区本郷2-29-1
　　　　　　　　　　　TEL. 03 (3813) 3966
　　　　　　　　　　　FAX. 03 (3818) 2774
　　　　　　　　　　　URL https://www.doyukan.co.jp

落丁・乱丁本はお取替えいたします。　　KIT / 中央印刷 / 東京美術紙工
ISBN 978-4-496-05679-6　C3034　　　　Printed in Japan